KB119922

나는 당신이
달러투자를 시작했으면
좋겠습니다

일러두기

본 서적에 기재된 내용은 저자가 속한 기관의 의견과는 무관함을 밝힙니다. 기재된 투자 전략 및 시장 전망은 시장 상황 변동 등에 따라 변경될 수 있으며 과거 운용 실적 등의 성과가 미래의 수익을 보장하지 않습니다. 또한 본 서적에 포함된 시장 예측 및 전망에 관한 자료는 참고 사항이며 향후 결과를 보장하지 않습니다.

나는 당신이 달러 투자를 시작했으면 좋겠습니다

황호봉 지음

한 권으로 끝내는 나의 첫 달러 투자 교과서

원앤원북스

들어가며

투자의 기본은 환율이다

오래된 일이지만 달러가 700원대였던 적이 있다. 그 시절 우연히 해외 잡지에서 소니 워크맨 카세트 광고를 발견한 나는 해당 제품을 사기 위해 용돈을 차곡차곡 모으기 시작했다. 푼돈을 아끼고 아껴 목표금액에 도달했는데, 글쎄 그사이 환율이 900원대까지 올라 허탈해 한 기억이 있다. 신문에서 우리나라가 중진국(?)에 해당한다고 이야기하던 즈음이었는데, 물자가 풍족해진 지금 그때를 돌아보면 헛웃음이 나온다. 그때나 지금이나 환율은 수출 기업뿐만 아니라 청소년에게까지 큰 영향을 미치는 중대한 사항이었다.

환율 변동성의 무시무시함은 미국 유학생 시절에 각인되었다. 2008년 글로벌 금융위기의 여파로 MBA 졸업생들의 선망의 대상이었던 투자은행(리먼브라더스)이 하루아침에 무너지면서 자본 시장은 아비규환으로 변했다. 실업률은 단숨에 10% 수준까지 상승했고 GDP 성장률은 마이너스로 돌아섰다. 특히 환율이 크게 요동쳤는데 유학생은 물론 일반인에게까지 공포감을 불러일으킬 정도였다. 한국인인 나는 IMF 외환위기라는 이벤트로 나름 예방주사를 맞았던 터라 '어찌어찌 해결되겠지.' 하는 생각으로 담담하게 버틸 수 있었다.

환율이 큰 폭으로 흔들리자 곳곳에서 곡소리가 울려 퍼졌다. 10년이 훌쩍 지난 지금도 그때의 공포가 생생히 떠오른다. MBA 과정을 밟으면서 여러 국가의 유학생과 어울렸는데, 일본에서 온 테츠야와 마사노리가 기억에 남는다. 글로벌 금융위기가 본격화되면서 그 둘은 표정이 달라지기 시작했다. 테츠야와 마사노리는 일본 모 대기업을 다니다가 유학생으로 선발되어 MBA 과정을 시작했다. 유학 전에 회사는 그들에게 생활비를 달러로 지원받을 것인지, 엔화로 지원받을 것인지 물었고 테츠야는 달러를, 마사노리는 엔화를 선택했다. 당시 엔화가 전저점(1달러당 100엔)까지 내려온 상황이었지만, 마사노리는 엔달러 환율이 추가 하락할 것이라 판단한 눈치였다.

얼마간의 시간이 흘러 글로벌 금융위기 직전 엔달러 환율은 110엔 수준까지 급등했다. 마사노리는 가만히 있어도 10% 이상 생활비가 줄어드는 상황에 처했고, 이와 상관이 없는 테츠야는 여유가 있었다. 이후 글로벌 금융위기에 접어들면서 엔달러 환율이 90엔까지 하락하자 마사노리의 얼굴은 다시 펴졌다. 지금도 이따금씩 엔달러 환율이 흔들릴 때면 마사노리의 난처한 표정이 생생히 떠오른다.

유학을 떠나기 전 종합상사를 다녔던 까닭에 나는 환율에는 무리하게 베팅하지 않았다. 상사 시절 옆 부서에서 수백만 달러 규모의 계약을 체결하고도 환율 문제로 수익이 훼손되는 경우가 종종 있었기 때문이다. 환율만큼 난해한 영역이 없다는 것을 어릴 적부터 몸소 겪었기 때문일까? 운용 일을 하고 있는 지금도 환율 분석과 예측을 할 때면 더더욱 신중하게 된다.

우리나라가 선진국 대열에 들어선 지금도 환율에 울고 웃는

건 별반 다르지 않다. 특히 최근 유래 없는 금리 인상기를 겪으면서 상황은 더욱 심각해지고 있다. 확대된 변동성으로 인해 현직 매니저인 나도 정상적인 운용이 어려운데, 개미 투자자라면 여간 힘든 상황이 아닐 것이다. 특히 자산가격의 변동 폭이 큰 종목에 투자했다면 많은 고통이 수반되었을 것이고, 성장주 일변도로 포트폴리오를 구성한 일부 서학개미는 잔액이 쪼그라드는 극도의 공포를 체감했을 것이다.

2022년 한 해에만 연중 환율 변동 폭은 연초 대비 20%를 웃돌았다. 환율에 대한 개념이 없는 개미 투자자라면 안갯속을 걷는 기분으로, 어디서 수익이 나고 어떻게 손실이 나는지도 모른 채 투자를 이어왔을 것이다. '환차익'으로 주가 하락에 겨우겨우 버티던 개미들이 '환차손'을 보고 나서야 끝끝내 항복을 한 배경이다. 만일 그들이 환율에 대해 깊게 이해하고 있었다면 미리 손실을 줄일 수 있지 않았을까? 환율에 대한 기본적인 지식이 조금이라도 있었다면 보다 합리적인 결정을 내릴 수 있지 않았을까?

『해외 주식투자의 정석』『해외주식 투자지도』에서 환율이 투자 과정에서 부가적인 요소가 아닌, 항상 고려해야 하는 항목임을 강조하지 못한 점이 매우 아쉬웠다. 앞선 두 권의 책에서 투자 자산과 포트폴리오에 대한 생각은 피력했지만, 보다 장기적이고 넓은 관점에서 조망하고자 하는 욕심에 환율을 등한시한 것 같아 아쉬움이 남았다. 오랜 시간 몸에 익어 때때로 감각적으로 대응하던 환율이란 영역을 글로 풀자니 쉽지만은 않았다. 그러나 투자자에게 실질적으로 도움이 되는 꼭 필요한 책이라는 생각에, 또 지금이라도 부족한 경험이나마 공유해보자는 생각에 이 책을 집필하게 되었다. 대외 경기 불확실성이 점차 확대되는 가운데, 이 책이 투자의 불확실성을 줄이고 안전한 방파제 역할을 하기를 진심으로 바란다.

끝으로 세 번째 책을 집필할 수 있도록 동기를 부여해준 아내 경민과 큰 세상을 향해 나아가고 있는 두 딸 연우, 지우에게 감사함을 전한다. 그리고 시장이라는 전쟁터에서 지치지 않도록 버팀목이 되어주신 대신자산운용 진승욱 대표님과 CIO 정만성 전무님, 그리고 생사고락을 함께하는 본부원들에게 감사의 인사를 전한다. 지금도 글로벌 시장 분석 노하우를 아낌없이 전수해주고 계신 IBK투자증권 김두영 상무님께도 감사 인사를 드리고 싶다. 마지막으로 나의 정신적 지주 아버지, 어머니 그리고 드디어 강단에 오른 내 동생 유현에게 고마운 마음을 전한다.

황호봉

추천사

전작 『해외주식 투자지도』가 글로벌 투자에 대한 인사이트를 제공했다면, 이번 책은 투자의 근본이 되는 달러에 대한 구체적인 지침을 제공할 수 있을 것이라 생각한다. 달러와 관련한 많은 책이 있지만 기축통화로서 달러의 위치에 대한 정치·경제학적인 접근이거나, 화폐의 역사와 이론에 치우친 내용이 많아 체감하기 어려운 측면이 있었다. 저자가 출간한 이번 책은 해외 자산에 투자할 때 실제로 고려해야 할 사항에 대해서 이해하기 쉽게 설명하고 있어 글로벌 투자를 고려하고 있다면 일독을 권한다.

_ 진승욱 | 대신자산운용 대표이사

투자자에게 미 달러는 글로벌 금융 시장을 이해하는 핵심 자산이다. 2008년 글로벌 금융위기로 인한 초저금리 및 양적완화, 중국의 성장 등으로 한때 미 달러는 그 지위를 위협받은 바 있다. 반면 코로나19 팬데믹 이후 급격한 금리 인상과 화폐 긴축, 미국 중심의 공급망 재편에 따른 중국 리스크와 유럽의 부진은 미 달러의 강력한 부활을 수반한다. 이러한 거시경제적 변화에 따라 향후 수년간 미 달러는 개인에게 있어 중요한 투자 대상으로 활용될 수 있다. 저자는 십수 년간 글로벌 투자의 최전방에서 탁월한 성과를 시현하는 한편, 투자자를 위한 명쾌하고 깊이 있는 정보를 제공해왔다. 저자의 내공이 집약된 이 책이 달러 투자에 관심을 가진 독자들의 똑똑하고 친절한 동반자가 될 것이다.

_ 김두영 | IBK투자증권 상무

차가운 머리로 뜨거운 현장을 분석한 책이다. 현실 경제는 뜨겁게 움직이지만 이 경제를 뜨겁게 설명하면 핵심을 놓치고 길을 잃기 쉽다. 그래서 차가운 머리가 필요하다. 말은 쉽지만 아무나 할 수 있는 일은 아니다. 풍부한 현장 경험과 냉철한 분석력이 있는 사람만이 가능하다. 달러를 이해하면 세계 경제를 이해할 수 있다. 조금만 경제에 관심이 있는 사람이라면 공허한 달러 이야기가 아닌, 손에 잡히는 지식과 상식을 얻을 수 있다. 간간이 들어간 역사적 에피소드는 덤이다.

_ 노영우 | <매일경제> 국제경제전문기자

달러는 브레튼우즈 체제부터 제2차 세계대전 이후 미국의 국력을 보여주는 잣대로 금과 함께 국제통화의 보유 수단으로 등장했다. 책에서 소개하듯 달러의 지위는 그냥 얻어진 것이 아니다. 철저히 정치·경제적 힘을 반영하는 미국의 금융 상징인 것이다. 이 책은 미국 시장에 투자하기 위해 수면시간과 매 순간을 아끼며 분석한 저자의 고뇌가 고스란히 담겼다. 아울러 투자를 잘 모르는 필자와 같은 이에게도 미국 달러의 매력적인 투자 가치를 느낄 수 있게 해주는 흥미를 유발하는 책이다. 국제 정치·경제에 관심 있는 모두에게 필독을 권한다.

_ 박정진 | 경남대학교 부총장

목차

첫 번째

달러 투자를 시작해야 하는 이유

두 번째

환율은 언제, 어떻게 오르고 내릴까?

세 번째

달러의 가치를 좌우하는 미국 중앙은행

네 번째
누구나 따라 할 수 있는 달러 투자 노하우

✦

결론부터 말하자면, 달러 투자가 필요한
첫 번째 이유는 달러가 안전자산이기 때문이다.
금과 같이 세계 경제에 위기가 드리울 때면
사람들이 가장 손쉽게 찾는 자산이기도 하다.
많은 이가 위기에 처하면 자산을 처분하고
현금 보유를 원하기 때문에 그때마다
달러의 가치는 상승하는 측면이 있다.

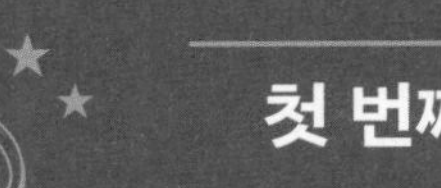

첫 번째

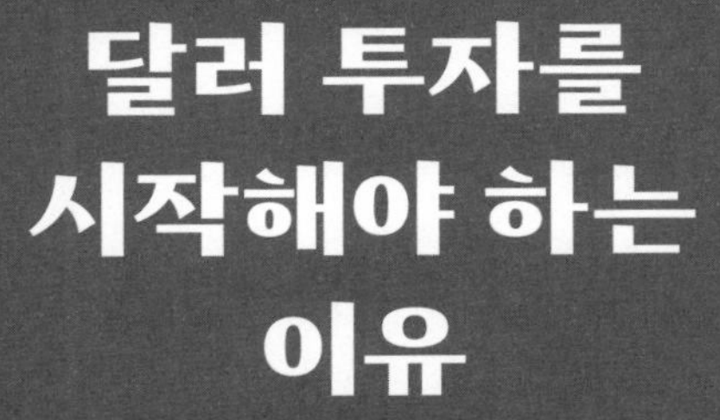

달러 투자를 시작해야 하는 이유

DOLLAR INVESTMENT

세상에서 가장 가치 있는 화폐

금이 달러이고, 달러가 곧 금이다.
달러를 종이로 바뀐 금이라 생각하면
그 가치가 얼마나 매력적인지 쉽게 이해될 것이다.

달러는 누구나 쓰는 돈이다. 기업 간 거래는 물론, 일반 여행자뿐만 아니라 아마존을 이용하는 구매자도 달러의 영향을 받는다. 하물며 암호화폐 비트코인을 구매할 때도 달러에 기초해서 가격이 산정되므로 달러의 가치는 생활 속에 녹아 있다고 해도 과언이 아니다. 달러는 소위 국제통화라고 부르는 국제통화기금 IMF(International Monetary Fund)의 SDR(특별인출권, Special Drawing Right) 중 하나이자 세계 제1의 기축통화(Key Currency)

다. 쉽게 말해 국가 간 거래와 대부분의 국가에서 통용 가능한 글로벌 제1의 결제통화가 미국 달러라는 이야기다.

여기서 잠깐!

기축통화의 정의

국제적으로 통용되는 국제통화 중에서 무역 결제, 금융 거래의 기본이 되는 통화를 기축통화라 한다. 국제통화란 IMF의 SDR에 속하는 달러, 유로, 파운드, 엔, 위안 등을 말한다. 이 중 제1의 기축통화로 제2차 세계대전 이전에는 파운드, 제2차 세계대전 이후 현재까지는 달러를 꼽는다.

달러의 장점은 다른 통화 대비 유동성이 풍부해 유통이 용이하고 가치가 상대적으로 안정적이란 부분이다. 즉 유로, 파운드, 엔, 위안 대비 통화량이 많고 가치가 널뛰지 않는다. 실제로 변동성이 높은 이머징 국가들의 통화와 달러의 1년, 6개월, 3개월 변동성을 비교해보면, 달러는 모든 기간 상대적으로 안정적이었다.

물론 안정성만 놓고 보면 다른 통화도 달러 못지않기 때문에 반론의 여지는 있다. 최근 기축통화 반열에 오르기 위해 노력하는 위안화를 제외하면 안정성 면에서 다른 기축통화도 달러에 뒤지지 않으며, 그들이 시장에서 오랜 시간 인정받은 측면도 고려해야 한다. 그럼에도 우리가 달러를 제1의 기축통화로 꼽는 이유는 돈

SDR 통화 vs. 주요 신흥국 통화 변동성(2023년 11월 기준)

구분(달러 기준)	360일 변동성	180일 변동성	90일 변동성
파운드	11.14	7.56	7.60
유로	9.01	7.21	6.94
엔	11.46	8.71	7.66
스위스 프랑	8.80	7.50	6.54
위안	5.68	4.64	3.89
아르헨티나 페소	16.95	23.86	33.76
브라질 헤알	15.56	11.56	11.09
튀르키예 리라	10.61	14.40	11.14
대만 달러	4.29	3.55	3.96
원	11.14	10.19	9.89
DXY	8.50	6.47	6.14

*** 단위는 %, 파운드와 유로는 해당 통화 대비 달러의 변동성**

자료: 블룸버그

(錢)에 대한 근본(Origin)과 깊은 연관이 있다.

중세 물물교환 시대 이후 제대로 된 가치교환 수단은 금이었다. 금이야말로 '가치 저장' 수단에 합당하는 희소성(가치)이 있고, 산업혁명 이전 경제 규모에서는 나름 유동성도 있었다. 안정적인 가치와 풍부한 유동성이라는 2가지 조건을 모두 적절하게 충족

했다. 금이 오래전부터 화폐의 역할을 한 배경이다.

19세기 초 영국이 금과 파운드를 교환하며 금본위제도의 서막을 알리긴 했지만, 금 자체가 공식적으로 화폐의 기능을 하게 된 계기는 제2차 세계대전을 거치면서부터라고 보는 것이 맞다. 금은 전쟁 물자를 조달하기 위해 쓰이면서 중요한 위치를 선점한다. 특히 제2차 세계대전 당시 영국을 비롯한 유럽 주요국은 미국에서 물자를 조달받으면서 금을 반대급부로 활용했다. 미국 연방준비은행의 영문명(Federal Reserve Bank)에 금을 '보관(Reserve)'한다는 의미와도 무관하지 않다.

여기서 잠깐!

금본위제란?

금본위제란 금의 무게를 기반으로 통화의 가치를 책정하는 화폐 제도다. 19세기 초 당시 패권국이었던 영국을 중심으로 채택되면서 영국은 최초의 금태환 국가가 된다. 금을 보유한 만큼 혹은 금 보유량을 기준으로 화폐를 발행해 가치를 산정하므로 금을 중심으로 국가 간 환율이 결정되었다. 문제는 금의 채굴과 공급이 한정적이었기에 성장하는 경제 규모를 따라가지 못했다는 데 있다. 원하는 만큼 금을 확보하지 못해도 유럽의 중앙은행은 화폐를 규제 없이 발행하기 시작했고, 그 결과 화폐 가치는 급격히 하락한다. 미국까지 대공황을 맞이하자 인플레이션이 치솟으면서 유럽은 1931년 금태환을 포기한다. 이후 브레튼우즈 체제를 거쳐 미국이 다음 금태환 국가가 되었으나, 1971년 리처드 닉슨 대통령이 금태환 정지를 선언하면서 킹스턴 체제, 즉 달러 본위의 변동환율제로 전환된다.
달러 본위의 변동환율제로 전환되기 전에도 스미스소니언 체제(1온스당 38달러 고정환율제를 유지하되 ±2.25% 변동 용인), 유럽 내 스네이크 체제(유럽 내 통화 사이에서의 환율은 ±2.25% 내에서 움직이도록 하고, 달러와 같은 역외 통화는 변동환율제 도입) 등을 거치면서 우여곡절은 있었다. 결국 킹스턴 체제를 도입함으로써 시장에 맡긴 셈이다.
킹스턴 체제는 1976년 자메이카의 수도 킹스턴에서 체결되어 현재까지 유지되고 있는 시스템으로, 각국이 환율 제도를 자유롭게 채택할 수 있는 시스템이다. IMF 회원국이라면 누구나 변동환율제와 고정환율제 중에서 선택이 가능하며, 회원국은 환율 변동성을 완화하기 위해 외환 시장 개입은 가능하나 조작은 제한한다. 물론 킹스턴 체제도 변동성 완화를 위해 각국이 파생상품 등 여러 수단을 활용하므로 부작용이 발생할 수 있다.

영국은 19세기 초 금과 파운드를 바꾸는 '태환'을 실시하면서 부를 축적하고 대영제국의 칭호를 달았다(영국이 이미 패권국이었기 때문에 금태환을 할 수 있었다고 볼 수도 있다). 미국도 이와 유사한 흐름을 탄다. 제1차 세계대전의 여파로 유럽은 경제적으로 매우 취약한 상황이었다. 죽고 사는 문제가 달린 싸움에서 수단과 방법을 가리지 않는 것은 어쩌면 당연한 일이다. 각국의 중앙은행은 전쟁 물자를 조달하기 위해 화폐 발행에 규제를 두지 않았고, 이로 인

제2차 세계대전 후 세계 경제 질서를 결정한 1944년 브레튼우즈 회의

해 금본위제는 무너진다.

제2차 세계대전이 끝날 무렵, 유럽의 각국 정상은 폐허가 된 유럽을 복구하고자 당시 최대 금 보유국인 미국의 뉴햄프셔주에 모이게 된다. 유럽은 전후 복구 자금을 조달하고자 본격적으로 미국으로부터 돈을 빌리는데, 이때 미국은 금 1온스당 35달러를 책정해 달러를 제공한다. 이것이 그 유명한 1944년 브레튼우즈 협정이다. 브레튼우즈 체제의 출범은 미 달러 사용을 공표한 중대한 사건이었다. 국제통화기금(IMF)과 국제부흥개발은행(IBRD)도 이 체제의 관리를 위해 설립되었다.

기축통화로 새롭게 발돋움한 달러가 쉽게 현재의 지위를 차

브레튼우즈 체제

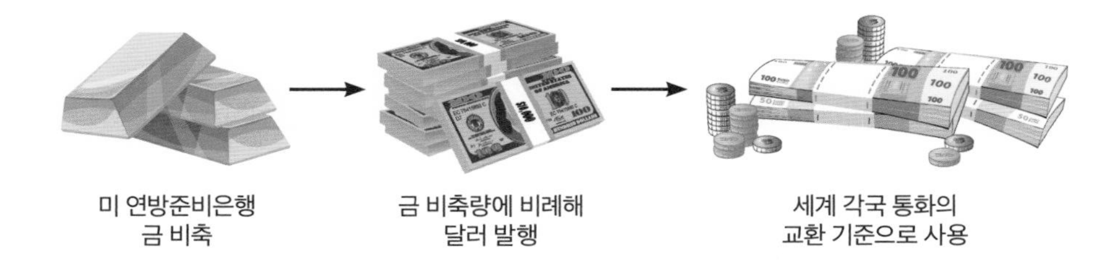

지한 것은 아니다. 곰곰이 생각해보면 달러가 기축통화가 된 이유는 금과 그 가치를 가장 원만하게 교환할 수 있는 수단이 되었기 때문이다. 그러나 브레튼우즈 체제도 한계는 있었다. 산업혁명 이후 경제가 천문학적으로 발전하고 교역량이 폭발적으로 증가하면서 금의 희소성은 단점으로 작용한다. 즉 더 이상 시장 수요에 맞게 금을 채굴하기가 어려웠던 것이다.

브레튼우즈 체제 이후 베트남 전쟁 등으로 달러의 필요성이 더 커지면서 금의 희소성은 유동성에 큰 악재로 작용했다. 더 이상 금을 기반으로 달러를 유통하기 어려운 상황이 된 것이다. 결국 1971년 리처드 닉슨 대통령의 금태환 정지 선언을 계기로 브레튼우즈 체제는 무너진다. 오랜 기간 지켜오던 금본위의 개념이 하루아침에 바뀔 수는 없었지만, 석유수출기구 OPEC 등 여러 기구에서 달러를 주요 결제통화로 사용하면서 달러의 실효성은 높아졌다. 미국의 백지수표가 전 세계 경제에 자리매김한 배경이다.

여기서 잠깐!

OPEC과 페트로달러

페트로달러(Petrodollar)란 주요 산유국이 석유 거래에 있어 미 달러화를 결제 수단으로 활용하는 것을 일컫는 용어다. 오일머니라고도 불린다. 1970년대 이후 원유 수출입 시 미 달러의 수요가 높아지고 다른 통화의 거래는 지양하게 되면서 달러는 본격적으로 기축통화의 지위를 차지한다. 1974년 헨리 키신저 미 국무장관과 사우디아라비아 파이잘 국왕은 군사 및 경제협정을 체결한다. 이를 통해 사우디아라비아는 왕가의 안전을 보장받는 한편, OPEC 내 원유 판매 수익을 달러로 받고 해당 달러 자금으로 미국채를 사들이는 페트로달러의 시대가 열린다.

단순히 달러가 금과의 인연을 끊었다고 해서 국제 사회가 '기축통화'의 지위를 부여했을 리 만무하다. 금은 19세기 초부터 공식적으로 금본위제도라는 틀 아래 무려 100년 이상 그 지위를 누렸다. 과정이야 어찌되었든 결과만 놓고 보면 현재 달러의 위상은 과거 금이 누렸던 지위보다 훨씬 강하고 견고한 것이 사실이다. 미국은 '금'의 지위를 물려받은 달러에 '금'의 가치를 부여하기 위해 금리와 유동성으로 각고의 노력을 쏟았다. 금의 지위를 물려받고 유지하는 것도 어려웠지만, 각종 글로벌 이벤트를 거치면서 안전자산으로서의 역할을 해냈다는 것은 또 다른 이야기다.

미국 연방준비제도(이하 연준)가 달러를 보호하는 기구라는 주장도 허황된 말이 아닐 수 있다. 그 정도 시스템 설계가 되어야 유지되는 체계인 것이다. 흔히들 달러와 유로를 비교하곤 한다. 달러가 유로보다 훨씬 우월한 지위에서 출발했고 여건도 좋았지만, 통화를 관리하는 주체만 놓고 평가한다면 미국에 후한 점수를 주고 싶다.

결국 달러는 현대판 금이다. 금은 지금도 존재하지만 달러에 많은 가치를 빼앗겼다고 볼 수 있다. 달러는 현대판 금으로 고유의 가치를 유지하고 있고, 미국은 달러의 가치를 조절하는 절대적인 권력을 쥐고 있다. 금이 달러이고, 달러가 곧 금이다. 달러를 종이로 바뀐 금이라 생각하면 그 가치가 얼마나 매력적인지 쉽게 이해될 것이다.

왜 달러 투자인가?

환율이 발행국의 펀더멘털을 반영한다는
관점에서 볼 때, 달러 투자는 사실상
미국이라는 국가 자체에 투자하는 것과 같다.

앞서 달러를 '종이로 만든 금'이라 정의했다. 역사적인 배경을 보면 그렇다는 뜻이다. 당연히 달러가 반짝반짝 빛나는 금은 아니기 때문에 이를 체감하기란 쉽지 않다. 요즘은 해외 투자, 특히 미국 주식 투자를 당연하다고 생각하는 시대이다 보니 자연스럽게 달러에 대한 관심도 확대되고 있다. 하지만 환율의 움직임에 비해 주식의 변동성이 워낙 크기 때문에 달러 투자의 매력과 장점을 인지하기란 쉽지 않다.

달러 인덱스(검은색), 엔달러(붉은색), 원달러(파란색) 환율 추이. 안전자산은 위기 때(① IMF 외환위기, ② 닷컴버블, ③ 글로벌 금융위기, ④ 테이퍼링 및 금리 인상 논의, ⑤ 코로나19 팬데믹, ⑥ 급격한 금리 인상) 상승하는 모습을 보인다.

결론부터 말하자면, 달러 투자가 필요한 첫 번째 이유는 달러가 안전자산이기 때문이다. 금과 같이 세계 경제에 위기가 드리울 때면 사람들이 가장 손쉽게 찾는 자산이기도 하다. 많은 이가 위기에 처하면 자산을 처분하고 현금 보유를 원하기 때문에 그때마다 달러의 가치는 상승하는 측면이 있다. 다소 세부적으로 접근해서 환(Currency)으로 한정해서 보면 엔, 스위스 프랑 등 다른 기축통화도 안전자산에 속한다. 그중에서 달러의 수요가 가장 높을 뿐이다.

복합적인 요소들이 상호작용하겠지만 결과적으로 달러는 세상이 망해가는 신호가 나타나면, 다시 말해 '공포'가 나타나면 상승한다. 만일 지갑에 일정 부분 달러를 소유하고 있다면 위기 때 갖고 있던 주식, 부동산 등을 팔지 않더라도 자산을 조금이나마 지킬 수 있는 헤지(Hedge) 기능을 한다.

여기서 잠깐!

헤지란?

헤지란 쐐기를 박는다는 뜻이다. 즉 쐐기를 박아 변동성에 대응하는 것으로 위험회피 또는 위험분산이라고도 한다. 헤지의 목적은 이익을 극대화하는 것이 아닌 가격 변화에 따른 손실을 막는 데 있다. 예를 들어 주식시장의 전체적인 가격 변동에 따른 리스크에 대응하기 위해 주식 시장과 반대되는 포지션을 취하는 것을 헤지 거래라고 한다.

세상이 불안해지면 부동산 시장에는 수요 부족 현상이 나타난다. 정말 돈이 급해지면 갖고 있던 부동산을 싼값에 내놓는 '급매'가 늘어날 것이고, 이러한 흐름이 이어지면 투자 심리는 위축되고 가격은 하락한다. 거기에 경매 물량까지 쌓이면서 유찰이 발생하면 가격의 하방 압력을 돌리기 어렵다. 자산의 가격은 내재가치와는 다르다. 일시적으로 발생하는 이러한 이벤트로 심리가 무너지면 '금쪽'같은 자산을 헐값에 처분하는 일이 왕왕 있다. 시간

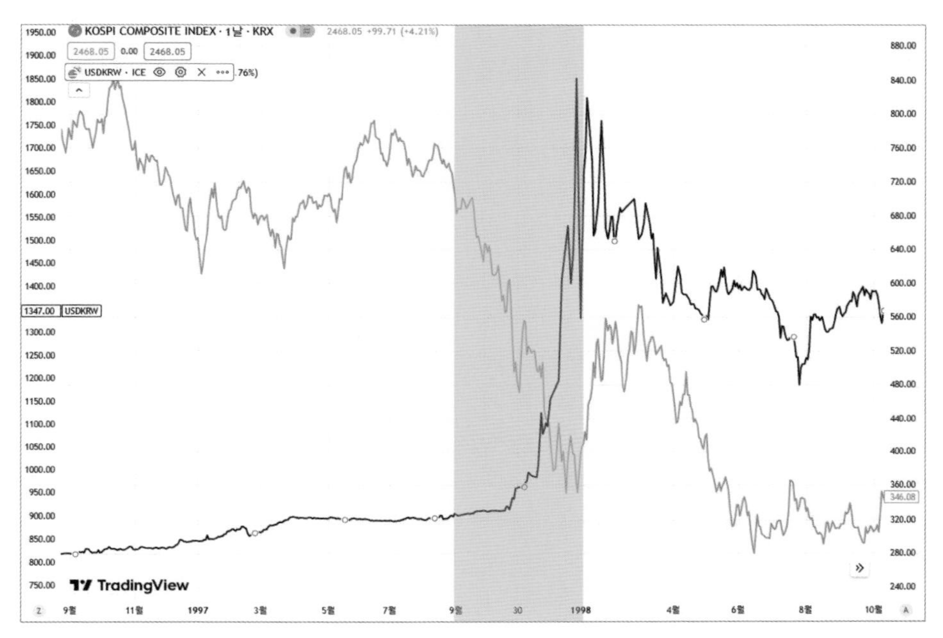

1997년 IMF 외환위기 당시 코스피 인덱스(붉은색), 원달러(검은색) 추이. IMF 외환위기 시절 코스피는 반토막의 성과를 기록했고, 원달러 환율은 2배로 뛰었다. 만일 이때 한국 주식과 달러를 50%씩 소유하고 있었다면 손해는 크지 않았을 것이다.

이 약이지만 폭풍의 한가운데에 놓이면 원칙과 진리는 온데간데 없는 것이 다반사다. 그래서 평소에 전반적인 자산가격 하락을 염두에 두고 헤지자산을 포트폴리오에 심어놓을 필요가 있다. 대표적인 헤지자산이 바로 달러다.

자산배분 차원에서 달러 투자를 고려하는 경우도 있을 것이다. 성격이 다른 자산을 이상적인 비중으로 골고루 투자하면 시장 상황이 급변해도 리스크 관리가 용이하다. 하지만 골이 깊은 하락장에서는 이러한 자산배분도 무의미할 수 있다. 2022~2023년을 돌아보면 금리 인상의 여파로 주식과 채권이 모두 하락하는 상황이 연출되었다. 실제로 20년 만에 한 번 찾아올 법한 채권 시장 불황으로 국민연금을 비롯한 유수의 기관이 기대에 못 미치는 성과를 기록했다. 물론 장기 투자의 관점에서 2024~2025년까지 두고 보거나, 과거 2020~2022년의 성과를 함께 고려하면 여전히 우수한 성적일 수 있다. 하지만 '개미' 입장에서는 '지금'의 상황에서 벗어나 시야를 넓히기가 쉽지 않다. 즉 개인 투자자의 위기관리는 기관의 자산배분보다는 시의성이 있어야 한다(물론 시간이 흘러 투자 기간이 쌓인다면 개인 투자자도 장기적인 관점을 견지할 필요는 있다).

달러, 특히 원달러 환율은 급격한 금리 인상으로 자산가격의 변동성이 극대화되었던 2022년 6% 이상 상승해 오히려 상대적으로 나은 방어력을 보여주기도 했다. 전문 투자자도 헤쳐 나가기 힘든 높은 난도의 시장에서도 달러가 자산배분 이상의 기능을 한다는 것을 입증한 사례가 되었다.

여기서 한 걸음 더 나아가 반드시 달러에 투자해야 하는 이유가 있다. 환율이 발행국의 펀더멘털을 반영한다는 관점에서 볼 때, 달러 투자는 사실상 미국이라는 국가 자체에 투자하는 것과 같다. 미국 투자에 대한 당위성과 장점은 이미 전작 『해외 주식투자의 정석』『해외주식 투자지도』에서 충분히 기술한 바 있다. 핵심만 다시 한번 언급하자면, 가장 중요한 요소는 미국이 글로벌 최대 소비국이라는 점이다. 거기에 소비와 더불어 이제 '생산'도 하려 한다는 점을 들 수 있다. 북도 치고 장구도 친다는 뜻이다.

최근 국가 간 상호 교역의 영향력이 감소하고 있고, 20세기 고립주의로 회귀하려 하는 국제 정세를 고려하더라도 미국의 구매력(Buying Power)은 가히 최강이다. WTO 통계에 따르면 수입 규모 면에서 미국은 2위 중국을 약 3,500억 달러 차이로 따돌렸다. 2021년에만 약 2조 4천억 달러어치를 수입하며 여전히 구매력 최강대국의 지위를 지키고 있다. 단일 국가 자동차 판매량 역시 1위이며 전자제품 판매량, 각종 소비재 판매량을 고려하면 미국의 구매력은 실로 막강하다.

반면 수출은 2조 달러 수준에 못 미치고 있다. 재정 적자와 코로나19 팬데믹 이후 벌어진 공급망 이슈의 난제를 풀고자 조 바이든 대통령이 리쇼어링을 강하게 추진하고 있지만, 리쇼어링은 만성적인 무역 적자 해소와 트리핀의 딜레마를 풀기 위한 해법은 아니다. 오히려 미국의 막강한 소비 열기를 장기적으로 훼손하지 않기 위한 방책이라고 볼 수 있다. 고용이 늘어날 수 있기 때문이다.

미국이 계획하는 리쇼어링이 성공할 경우 적자를 보더라도

여기서 잠깐!

리쇼어링, 트리핀의 딜레마란?

리쇼어링(Reshoring)이란 해외에 진출한 제조업이나 서비스 기능을 국내로 돌아오게 하는 과정을 뜻한다. 현재 미국은 국가 전략 차원에서 리쇼어링을 통해 세계의 패권을 되찾는다는 '일자리 자석' 정책을 추진 중이다.
트리핀의 딜레마(Triffin's dilemma)란 기축통화가 국제 경제에 원활히 쓰이기 위해 많이 풀리면 기축통화 발행국의 적자가 늘어나고, 반대로 기축통화 발행국이 무역 흑자를 보면 돈이 덜 풀려 국제 경제가 원활해지지 못하는 역설을 말한다. 벨기에 경제학자 로베르 트리핀 교수가 주장한 이론으로, 한 국가의 통화를 기축통화로 채택할 경우 나타날 수밖에 없는 진퇴양난의 상황을 일컫는다.

경제적 수요의 완급을 스스로 제어할 수 있으며, 중국을 따돌리고 글로벌 경제의 리더 자리를 유지할 수 있다. 더구나 핵심 기술을 틀어쥐고 공급망을 장악한다면 장기적 패권은 더욱 공고해질 것이다. 단순 공정, 조립 등은 해외에 의지하더라도 반도체, 자동차 핵심 기술 등의 생산은 미국 내에서 진행하거나 안보와 밀접하게 연결된 우방국의 도움을 받겠다는 계획이다.

리쇼어링이 원활히 이뤄진다면 미국의 경제적, 정치적 입지는 더욱 우월해질 것이다. 단순히 미국 내 '공급'을 상향 조정하는 것이 아니라 '핵심 공급'을 좌우함으로써 패권을 공고히 하겠다는 의도가 깔려 있다. 설사 인플레이션으로 수요에 위협을 받더라도 펀더멘털의 훼손을 막을 수 있을 것이며, 장기적으로는 더욱 강한 수요 창출을 위한 포석이자 최대 소비국의 지위를 유지하려는 전략이다.

미국은 IT 혁신을 기반으로 한 현대 산업에도 막대한 영향력을 행사하고 있다. 실리콘밸리의 기적으로 미국은 애플을 통해 전 세계 플랫폼 경제를 과점하고 있고, 마이크로소프트를 통해 소프트웨어 시장에서 독점적 지위를 선점했다. 이뿐만 아니라 SNS의 메타, 검색의 구글, 반도체의 인텔, AMD, 엔비디아 등 일일이 열거할 수 없을 정도로 많은 기술 기업을 보유하고 있다. 미국 기업을 거치지 않고 다른 나라에서 혁신적인 신기술, 신제품을 출시하기란 사실상 불가능에 가깝다.

특히 엔비디아는 향후 미래 산업이라고 점쳐지는 인공지능 시대를 이끌어갈 기업으로 꼽힌다. 엔비디아의 고성능 GPU 없이 막대한 데이터 처리가 필요한 인공지능 연산은 불가능하며, 데이터센터 설립 또한 마찬가지다. 인공지능을 위한 최고의 성능을 구현하는 것으로 알려진 모델 'H100'의 경우 현존 최고 사양의 상용 GPU로 평가받고 있으며 높은 수요로 구매 자체가 쉽지 않은 상황이다. 비싼 가격에도 웃돈까지 얹어서 거래되는 경우도 있다.

자율주행 기술을 완성해가고 있는 테슬라 또한 엔비디아의 칩을 주로 사용하는 것으로 알려져 있다. 자율주행 기술 생태계를 가시화하기 위해 자체적으로 AI 슈퍼컴퓨터 도조(Dojo)를 개발하고 있지만, 아직까지는 엔비디아 'H100' 1만 개를 장착한 슈퍼컴퓨터에 의지하고 있는 상황이다.

'챗GPT'를 개발한 OpenAI의 든든한 지원자 마이크로소프트는 어떠한가? 챗GPT를 맹렬히 추격하고 있는 구글의 '바드'는 또 어떠한가? 과연 다른 나라가 시대를 움직일 이 엄청난 기술력을 따라잡을 수 있을까? 테슬라의 자율주행 기술을 능가할 기업이 당분간 다른 나라에서 나올 수 있을까?

얼마 전 일론 머스크는 로보택시에 대한 비전을 내놓았다. 신규 자율주행 기술이 장착된 차를 타고 40분 넘게 주행한 영상을 공개하기도 했다. 목적지까지 가는 내내 운전자인 일론 머스크의 개입은 단 1회에 불가했다. 인공지능의 학습력은 놀라울 정도로 진보했다. 인공지능이 오직 카메라만으로 학습해 데이터를 연산하고, 실행하고, 분석하는 모습을 간접적으로 느낄 수 있는 영상이었다. '기계'가 무언가를 보는 것만으로 학습하는 세상이라니. 두려움과 기대가 교차했다.

에너지 자립 부문에서도 미국은 말 그대로 아쉬울 게 전혀 없는 나라다. IT가 실생활과 밀접한 연관이 있어 현실에 와 닿는 영

세계 10대 석유 생산국 현황(2021년 기준)

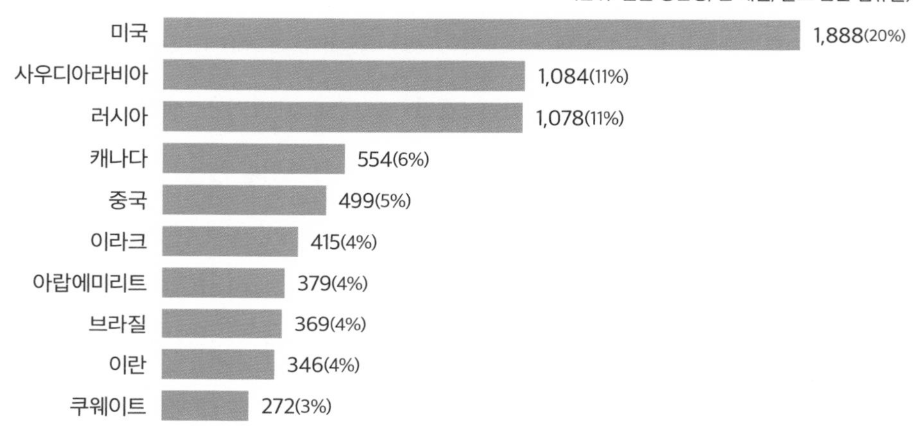

*** 생산량은 원유와 기타 모든 석유 액체 포함**

자료: 미 에너지정보청

역이라면 에너지는 상대적으로 체감이 어려워 '감'이 없을 수 있다. 미국은 2008년 셰일오일 양산 이후 보란 듯이 '자립'에 성공했다.

2008년 미국발 글로벌 금융위기가 전 세계를 뒤덮었을 때, 미국은 내부적으로 수압파쇄법(Fracking) 기술 양산에 성공해 셰일오일, 셰일가스 최대 생산국이 되었다. 사우디아라비아 등 중동 국가로부터 달러를 볼모로 기름을 수입해야 했던 미국이 기름을 직접 생산하게 되면서 에너지 자립은 물론 국가 간 외교 지형까지 바꾸는 계기가 되었다. 아쉬울 게 전혀 없는 미국의 지위가 고스란히 달러에 반영되고 있다고 본다.

최근 발표된 자료에 따르면 2022년 미국의 천연가스 생산량은 9,786억 입방미터로 같은 기간 전 세계 천연가스 생산량의 24.2%를 차지했다. 미국은 매년 천연가스 생산량을 늘리고 있는데, 파이프라인을 통한 천연가스 수출이 국가 재정에서 큰 비중을 차지하는 러시아도 미국보다 생산량이 낮다. 우크라이나 침공에 따른 경제 제재의 영향으로 2022년 기준 러시아의 천연가스 생산량은 전년 대비 11.9% 감소했다. 유럽이 러시아를 대체할 공급처로 미국을 비롯해 알제리, 아제르바이잔 등으로 눈을 돌리면서 세계 에너지 지형의 판도가 크게 흔들린 것이다. 미국이 새로운 천연가스 공급자로 유럽 시장을 장악한 것은 주권 국가를 침략한 러시아의 자충수에서 비롯되었다. 실제로 우크라이나 침공 이후 EU 27개 회원국은 정상회의를 통해 러시아산 천연가스 의존도를 줄이기로 합의한 바 있다.

강력한 미국의 국방력 역시 달러 투자에 적극적으로 임해야 하는 이유 중 하나다. 경제가 강해도 물리적인 힘이 없으면 하루아침에 무너질 수 있다. 미국은 막강한 해상 전력을 바탕으로 제2차 세계대전 이후 실질적으로 전 세계를 무력으로 압도하고 있다. 러시아를 제외하고 군사력 면에서 미국 다음이라고 여겨지는

2021~2022년 EU 천연가스 수입 대상국별 수입량 변화

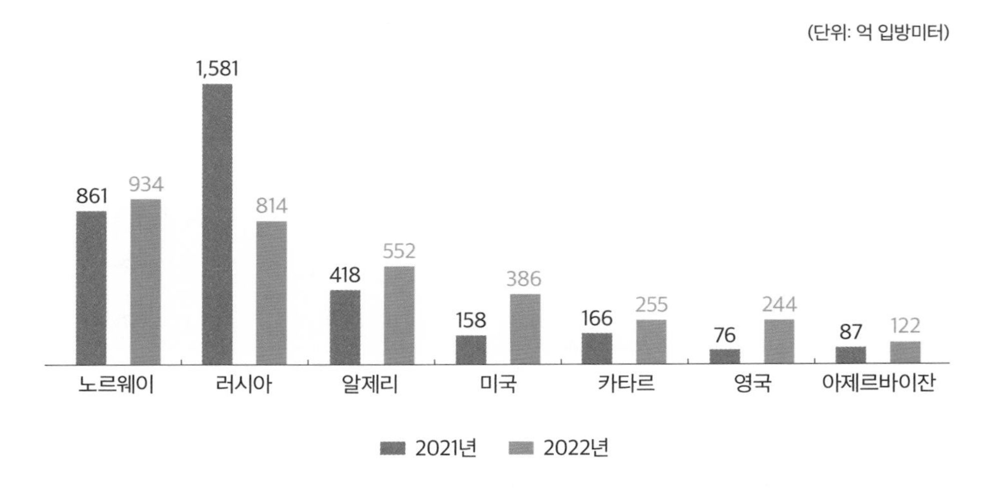

*** 러시아는 벨라루스, 우크라이나 경유 포함**

자료: EU 통계국

중국도 미국에 한참 미치지 못한다.

국가안보전략연구원 INSS의 연구보고서에 따르면 대만해협에서 충돌이 발생할 경우 중국의 해상력은 미국의 절반 수준에 불과하다고 예측된 바 있다. 또한 매년 60개 항목으로 군사력을 측정하는 GFP의 자료를 보면 미국의 군사력이 양적이나 재정적인 면에서 군계일학임을 알 수 있다.

2022년 러시아-우크라이나 전쟁만 보더라도 미국의 힘을 가늠할 수 있다. 전문가들은 전 세계 탱크 보유수 1위인 러시아가

2023년 세계 군사력 순위

순위	국가	상비군	예비군	전력지수
1	미국	138만 명	80만 명	0.0712점
2	러시아	135만 명	200만 명	0.0714점
3	중국	390만 명	185만 명	0.0722점
4	인도	146만 명	116만 명	0.1025점
5	영국	15만 명	8만 명	0.1435점
6	대한민국	53만 명	275만 명	0.1505점
7	파키스탄	65만 명	50만 명	0.1694점
8	일본	25만 명	6만 명	0.1711점
9	프랑스	37만 명	7만 명	0.1848점
10	이탈리아	39만 명	4만 명	0.1973점

자료: GFP

우습게 전쟁을 끝낼 것이라고 예측했지만, 무적일 것만 같은 러시아 전차도 미국의 휴대용 대전차 미사일 '재블린'에 의해 산산조각이 나고 말았다. 어쩌면 상상하는 것보다 미국의 힘은 더 막강할 수 있다.

안전자산이란 점을 차치하더라도 달러의 매력을 미국의 매력으로 치환해서 본다면 투자의 당위성은 충분한 것 같다. 물론 세상이 변해서 언젠가는 미국의 패권이 사라질 수도 있지만 가능성은 크지 않다고 생각한다. 중국이 절치부심 다시 힘을 내더라도 말이다.

여기서 잠깐!

달러라는 말의 어원

영국으로부터 독립하기 전까지 미국은 독립적인 체계를 갖추지 못하고 외국 화폐를 사용했다. 독립전쟁 직후 1785년 대륙회의에서 최초로 달러를 화폐 단위로 채택했으나 민간은행은 여전히 독자적으로 다양한 화폐를 발행하고 있었다. 그러다 1792년 달러를 미국의 공식 화폐로 사용하면서 근대 국가 최초로 10진법 화폐체계를 도입한다.

달러라는 표현은 보헤미아 지방의 탈러(Thaler)에서 유래되었다. 과거 보헤미아의 한 마을에 대규모 은광이 발견되었는데, 이곳에서 만들어진 은화는 은광이 있던 계곡의 이름을 따서 '요하임스탈러굴더' 또는 '요하임스탈러그로셴'으로 불린다. 이름이 길고 발음이 불편해 '탈러그로셴'으로 줄여서 부르다 '탈러'로 정착된 것이다. 이후 탈러는 동전 자체를 칭하는 용어로 사용되었다. 네덜란드에서는 달데르(Daalder), 슬로베니아에서는 톨라(Tolar), 에리트레아에서는 탈레로(Tallero) 등으로 불렸고, 영어로는 달러(Dollar)로 정착되었다.

환율이란 무엇인가?

환율을 볼 때는 달러를 기준으로 두고
각 통화의 가치를
비교하는 것이 일반적이다.

"오늘 달러 환율 얼마예요?"라는 질문을 받은 ○○은행 외환딜러 장 부부장. 장 부부장은 "아, 원달러 환율 말씀이시죠?"라고 반문했고, 상대가 고개를 끄덕이자 "현재 1달러에 1251.37원입니다."라고 대답했다.

장 부부장이 '원달러' 환율이 맞는지 확인한 이유는 환율에 대한 표현에 혼동의 여지가 있기 때문이다. 환율의 사전적 의미는

주요국 통화 기호 및 코드

명칭	통화 기호	통화 코드
미국 달러	$	USD
유로	€	EUR
호주 달러	$	AUD
불가리아 레프	лв	BGN
브라질 헤알	R$	BRL
캐나다 달러	$	CAD
스위스 프랑	CHF, Fr	CHF
중국 위안	¥	CNY
체코공화국 코루나	Kč	CZK
덴마크 크로네	Kr	DKK
파운드	£	GBP
홍콩 달러	$	HKD
크로아티아 쿠나	Kn	HRK
헝가리 포린트	Ft	HUF
인도네시아 루피아	Rp	IDR
이스라엘 신권 세켈	₪	ILS
인도 루피	₹	INR
일본 엔	¥	JPY
대한민국 원	₩	KRW

'한 나라의 화폐와 외국 화폐의 교환 비율'이다. 흔히 원화와 달러의 교환 비율, 즉 환율을 언급할 때 '원달러' 혹은 '달러원'이라 표현한다. 그런데 '원달러'와 '달러원'은 반대의 의미를 내포하고 있다. 표현이 헷갈리는 이유는 국문 표기에 구분 기호로 쓰이는 '슬러시(/)'가 생략되어 있기 때문이다.

우리가 흔히 알고 있는 '달러 환율'은 국제 기준으로는 '달러/원' 환율이라고 표현해야 정확하다. 국제 기준으로 '원/달러' 환율은 1원을 바꾸기 위해 필요한 달러의 가격을, '달러/원' 환율은 1달러를 바꾸기 위해 필요한 원화의 가격을 의미한다. 그런데 우리는 통상 '달러/원' 환율을 이야기할 때 '원달러' 환율이라 말하고 'USD/KRW'로 표기한다. 달러를 'USD', 원화를 'KRW'로 표기하는 이유는 국제표준화기구(IOS) 통화 기호에 따른 것이다.

KDI 경제정보센터에 따르면 'USD/KRW'에서 슬러시(/)는 국제표준화기구의 방침을 준용한 것으로, 슬러시(/) 앞에는 '기준통화'를 표기하고 뒤에는 '비교통화'를 표기한다. 따라서 'USD/KRW'란 표기는 1달러를 바꾸기 위해 필요한 원화의 가격을 의미한다.

환율을 볼 때는 달러를 기준으로 두고 각 통화의 가치를 비교하는 것이 일반적이다. 이를 직접표시법(Direct Quotation) 또는 자국통화표시법이라 말한다. 1달러에 '얼마'로 표현하기 때

환율 표시법 비교

1달러=1,200원	1원=0.000825달러
직접표시법	간접표시법
자국 통화로 표시한 외국 통화 한 단위의 가격	외국 통화로 표시한 자국 통화 한 단위의 가격

*** 원달러 환율 1,200원으로 가정**

문에 'USD/KRW'처럼 슬러시(/) 앞에 '달러'를, 뒤에 '원' '엔' '위안' '루피' 등을 붙이는 것이다. 반대의 경우도 있다. 자국 통화를 기준으로 두고 달러로 환산하는 것인데 간접표시법(Indirect Quotation) 또는 외국통화표시법이라고 한다(주로 유로, 파운드에서 쓰인다). 'KRW/USD'처럼 슬러시(/) 앞에 자국 통화를, 뒤에 외국 통화를 붙인다.

문제는 국내에서는 직접표시법(자국통화표시법)을 사용해 'USD/KRW'라고 표기하는데, 부를 때는 간접표시법(외국통화표시법)처럼 '원달러'라고 부르는 경우가 많다는 것이다. 다음은 〈이코노믹리뷰〉의 2017년 11월 26일 기사다.

달러원 환율보다는 원달러 환율이라는 표현을 더 많이 쓴다. 심지어 외환당국인 기획재정부와 한국은행도 원달러 환율이라는 표현으로 보도자료를 발표한다. 이코노믹리뷰 역시 원달러 환율이라는 표현으로 기사를 작성하고 있다. 왜일까? 이유는 다소 황당하지만 국민 정서 때문이다. (…) 한국은행 외환시장팀 관계자는 "환율을 읽을 때 어떤 것이 기준통화가 되는지 알기 어려운 상황에서 우리나라 통화를 기준으로 두는 것이 이해하기가 더 쉽다."고 설명했다. 한마디로 달러원 환율, 위안원 환율보다 원달러 환율, 원위안 환율로 적는 것이 우리 국민이 이해하기 쉽기 때문이라는 것이다.

국제 기준을 따른다면 달러원이라고 표기하는 것이 맞지만 이미 관용적으로 사용되고 있는 용어를 바꾼다면 혼란을 피할 수 없을 것이다. 'USD/KRW'를 '원달러' 환율이라 표현하되 기준이 되는 통화는 원이 아닌 달러인 점만 기억해두기 바란다.

앞서 장 부부장은 "오늘 달러 환율 얼마예요?"라는 질문에 "현재 1달러에 1251.37원입니다."라고 답했다. 아마도 그다음에는 "많이 올랐나요?"라는 질문을 받게 될 것이다. 만일 장 부부장이 "최근에 100원이나 올랐네요."라고 답한다면 1달러에 1,150원이던 환율이 1,250원으로 올랐다는 것으로 풀이된다.

가치의 상승과 하락은 앞서 설명한 대로 슬러시(/) 앞에 있는 기준통화 대비 비교통화의 가격 변화를 의미한다. 예를 들어 'USD/KRW' 환율이 1,150원에서 100원 상승해 1,250원이 되었

환율 가치의 상승과 하락

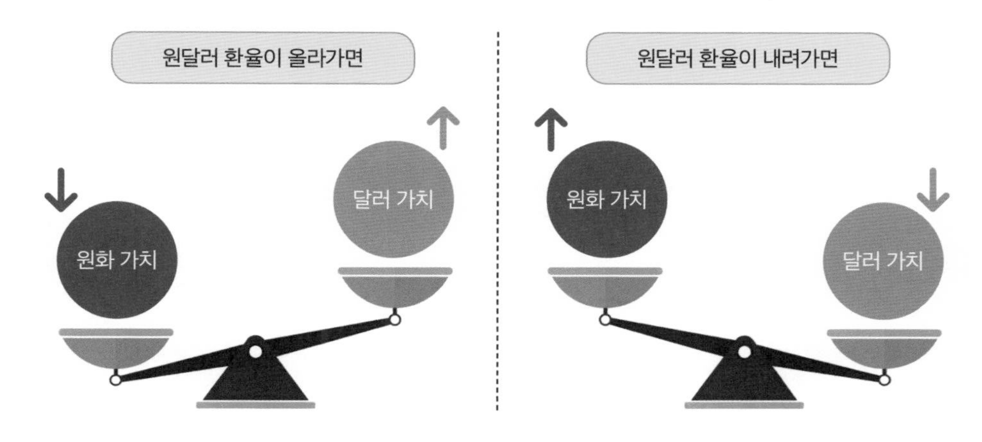

다면 1달러에 대한 원화의 가치는 하락한 반면, 달러의 가치는 상승했다는 의미다.

환율 가치는 상대적인 개념이다. 과거에는 1달러를 은행에 가서 바꾸려면 1,150원이 필요했지만 이제 1,250원이 필요하다면, 원화의 가치는 하락하고 원화에 대한 달러의 가치는 올랐음을 의미한다. 반대로 1달러를 은행가서 환전하려고 할 때 과거에는 1,250원이었던 원달러 환율이 1,150원으로 하락했다면, 원화의 가치는 상승하고 원화에 대한 달러의 가치는 하락했음을 의미한다.

그다음으로 알아봐야 할 것은 '절상'과 '절하'다. 참고로 '평가절상'과 '평가절하'는 정부가 환율에 인위적으로 개입하는 고정환

절상과 절하의 개념

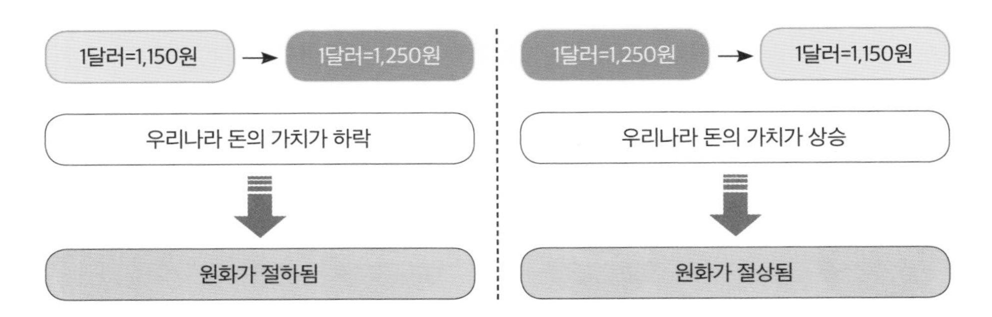

율제에서 활용하는 용어로 현재 국내에선 절상과 절하라고 통칭하고 있다(정부가 환율에 개입하는 중국의 위안화는 평가절상과 평가절하라는 용어를 사용한다).

절상과 절하라는 표현은 일상에서는 드물지만 신문과 뉴스에는 자주 등장하는데, 문자 그대로 '상(上)'과 '하(下)'의 의미를 내포하고 있다. 예를 들어 원화가 절상되었다면 원화의 가치가 상승했다는 뜻이고, 기준이 되는 '어떤 통화' 대비 가치가 상승했다는 표현이다. 보통은 원달러 환율을 기준으로 언급된다. 즉 원화가 절상되었다는 것은 달러 대비 원화의 가치가 상승했다는 뜻이며, 더 나아가서 원달러 환율이 하락했다는 뜻이다. 반대로 원화가 절하되었다는 것은 달러 대비 원화의 가치가 하락했다는 뜻이며, 더 나아가서 원달러 환율이 상승했다는 뜻이다.

환율의 움직임에 대해 좀 더 자세히 알아보자. 환율은 외화의

원달러 시장의 수요와 공급 곡선

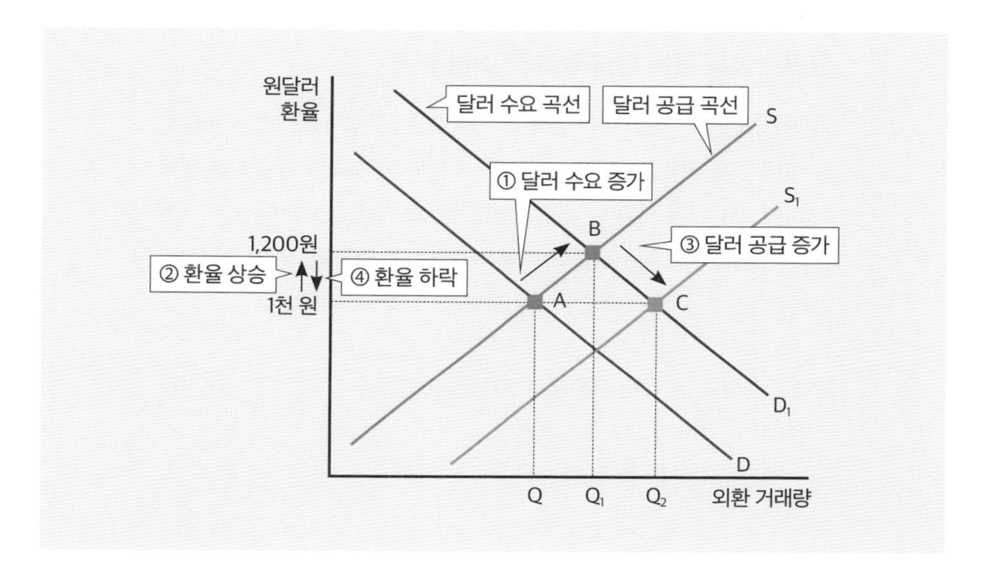

수요와 공급에 의해 결정된다. 일반적으로 수입, 해외 투자, 해외 여행 등 수요가 증가하면 환율은 상승하고 수출, 외국인의 직접 투자, 외국인의 국내 관광 등 공급이 증가하면 환율은 하락한다. 환율은 너무 낮아도, 너무 높아도 경제에 문제가 될 수 있어 각국 정부는 환율 안정을 위해 많은 노력을 기울인다. 예를 들어 정부는 환율이 너무 높으면 달러를 시장에 공급하는 정책으로 하락을 유도하고, 환율이 너무 낮으면 시장에 있는 달러를 흡수하는 정책으로 상승을 유도한다. 정부 개입이 과도할 경우 환율조작국 또는 환율관찰대상국으로 지정될 수 있다.

여기서 잠깐!

환율조작국 또는 환율관찰대상국이란?

1988년 제정한 「종합무역법」 및 2015년 제정한 「무역촉진법」을 바탕으로 미국은 자국과의 교역 규모를 평가해 상위 20개국의 거시·환율 정책을 바탕으로 일정 기준에 해당할 경우 환율조작국(심층분석대상국) 내지 환율관찰대상국으로 지정한다. 다음의 3개 조건 가운데 2개에 해당하면 환율관찰대상국, 모두 해당할 경우 환율조작국으로 지정한다.

1. 상품, 서비스 등 대미무역 흑자 150억 달러 이상
2. 경상수지 흑자가 GDP 3% 초과
3. 8개월간 GDP 2%를 초과하는 달러 순매수

환율관찰대상국에 지정되면 모니터링을 받는 수준이지만, 환율조작국으로 분류될 경우 경제 제재를 받고 국제 신임도에 큰 타격을 받을 수 있다. 앞서 미국은 중국, 베트남, 스위스를 환율조작국으로 지정했다 해제한 바 있다. 미 재무부는 2023년 하반기 한국을 환율관찰대상국에서 제외했는데, 한국이 환율관찰대상국에서 제외된 것은 지난 2016년 4월 이후 7년여 만이다. 미국은 2022년 7월부터 2023년 6월까지 분석한 환율보고서에서 중국, 독일, 싱가포르, 대만, 말레이시아, 베트남 6개국을 환율관찰대상국으로 지정했다.

정부 개입이 아니더라도 환율은 외화의 수요와 공급에 의해 자연스럽게 등락을 거듭한다. 일반적으로 외화에 대한 수요가 증가하면 환율은 상승하고(A→B), 외화의 공급이 늘면 환율은 하락

한다(B→C). 가령 수출 증가로 달러 공급이 늘어나면 원달러 환율은 하락하고, 수입 증가로 달러 수요가 늘면 원달러 환율은 하락한다. 금리도 환율과 밀접한 연관이 있다. 대체로 국내 금리가 미국 기준금리보다 높으면 자본 유입이 발생해 달러 공급이 늘어나고 원달러 환율은 하락하는 반면, 국내 금리가 미국 기준금리보다 낮으면 자본이 유출되어 달러 수요가 늘고 원달러 환율은 상승한다.

참고로 2023년 말 기준으로 달러는 변곡점에 서 있는 상황이다. 2022년부터 시작된 금리 인상 및 연초부터 발생된 디스인플레이션(물가 상승폭 축소)의 영향으로 미국 내에선 향후 금리 정상화에 대한 기대감이 확대되고 있다. 연준의 기준금리 인하 가능성이 확산되면 시장금리가 안정되고 달러는 하락 압력을 받는다. 물론 지속되는 정부 적자로 국채 발행에 대한 부담이 누적되고 있고, 채권 가격이 하락하는 등 금리 상승 압력도 존재한다. 긴축적인 분위기의 시장에서 미 재무부가 지속적으로 장기 채권을 발행하다 보니 채권 가격이 하락하고 금리가 상승한 것이다. 이때 달러는 상승 압력을 받는다.

다만 연준이 아무리 '고금리 지속 정책(Higher for Longer)'을 고집한다고 해도 정말 인플레이션이 잡히면 금리를 낮출 것이다. 그 점에 대한 확신이 조금만 시장에서 강해지면 (원화 강세와 함께) 달러는 약세 기조를 띌 가능성이 높아진다. 물론 예상치 못한 이벤트에 따라 시장 상황은 얼마든지 달라질 수 있다.

원달러 환율의 역사 ①
환차익이 났던 시기

환차익은 투자자가 활용한 화폐의 가치가
자산을 평가하는 화폐의 가치보다
하락하는 경우 발생한다.

사실 원화와 달러는 유구한 역사를 지닌 인류의 다른 가치 저장 수단과 비교하면 역사가 정말 짧은 편이다. 특히 원화는 1950년 6월 한국은행이 설립된 후에 발행되었기 때문에 달러보다도 그 역사가 짧다. 원달러 환율의 역사 역시 마찬가지다. 한국전쟁 이후 미군정 당시 원달러 환율은 1달러 15원의 고정환율제가 적용되었고, 경제 발전에 따라 변화하다 1997년 이후 변동환율제를 채택한다.

고정환율제는 환율을 일정 수준으로 고정시키기 때문에 환율 변동성으로 인한 리스크가 적은 반면, 미국의 경제 상황에 따라 자국의 통화가 끌려다닐 수 있다는 단점이 있다. 홍콩의 홍콩 달러, 사우디아라비아의 리알처럼 달러와 연동해 환율이 움직이는 달러 페그제(Peg System)가 고정환율제의 대표적인 예라고 볼 수 있다. 참고로 페그(Peg)란 무언가를 고정시키는 '말뚝' '못'이라는 의미를 가지고 있다.

변동환율제는 1971년 닉슨 대통령의 금태환 정지 선언 이후 킹스턴 체제가 도입되면서 탄생했다. 변동환율제는 통화의 가격이 외환 시장의 수급에 의해 조절되기 때문에 시장의 영향을 크게 받는다는 불안함이 단점으로 작용한다. 변동환율제가 도입됨에 따라 수출입 기업뿐만 아니라 투자자도 환차익과 환차손이 매우 중요한 고려 요소가 되었다. 먼저 환차익의 개념에 대해 알아보자.

여기서 잠깐!

1950년 이전 우리나라 화폐는?

조선 전기 역사서 『동국사략』에 따르면 한반도 최초의 화폐는 기원전 957년 기자조선의 '자모전'이라고 한다. 이후 고려시대 때 본격적으로 화폐를 제조하고 사용하기 시작했는데, '건원중보' '해동중보' '해동통보'가 대표적이다. 조선시대 때는 엽전의 형태인 '상평통보'를 썼다. 1882년 고종 19년에 이르러 비로소 근대적인 압인식 주화인 대동은전을 만들어 활용했다. 일제강점기 중앙은행이었던 조선은행이 1950년 6월 12일 한국은행으로 바뀌면서 조선은행권은 한국은행권으로 변경된다. 하지만 한국은행 창립 후 13일 만에 한국전쟁이 발발했고, 결국 첫 인쇄는 일본의 도움을 받아 대구에서 진행되었다. 전시 자금 충당을 위해 만든 최초의 한국은행권을 북한이 위조해 사용한 기록도 있다.

최초의 한국은행권

'환차익'이란 투자한 자산의 가치가 상승해 이익을 얻는 것이 아닌, 투자한 시점의 환율보다 투자를 종료한 시점의 환율이 높을 때 얻는 이익이라고 생각하면 이해가 쉽다. 물론 일정 시점에 평가만 할 경우 '미실현'의 개념일 것이며, 자산을 매각하고 원화로 환전까지 했다면 '실현'의 개념으로 분류할 수 있다. 가령 원달러 환율 1천 원일 때 100달러짜리 자산에 투자했다면 투자 시점에 해당 자산의 가격은 10만 원이다. 시간이 흘러 100달러짜리 자산이 95달러로 하락하고 원달러 환율이 1천 원에서 1,100원이 되었다면, 해당 자산의 가격은 10만 4,500원으로 표기될 것이다. 자산가격에서 5% 손실을 입었지만 환율에서 10% 수익을 얻었기 때문에 최종적으로는 4,500원의 수익이 발생한 것이다. 즉 자본차손(-5,500원)을 상회하는 환차익(1만 원)이 발생한 사례다. 이처럼 환차익은 투자 손실을 만회할 수 있는 기회가 되기도 한다.

참고로 환차익에 대한 세금은 조금 복잡하다. 달러 예금 및 화폐로 보유했다가 발생한 환차익에 대해선 세금이 없으나, 해외 주식은 양도소득세를 계산할 때 환차익이 매매차익에 포함되어 과세된다. 또 은행, 증권사에서 판매하는 해외 투자 펀드에서 발생한 환차익도 배당소득에 포함되어 15.4%의 배당소득세가 적용된다.

환차익은 투자자가 활용한 화폐의 가치가 자산을 평가하는

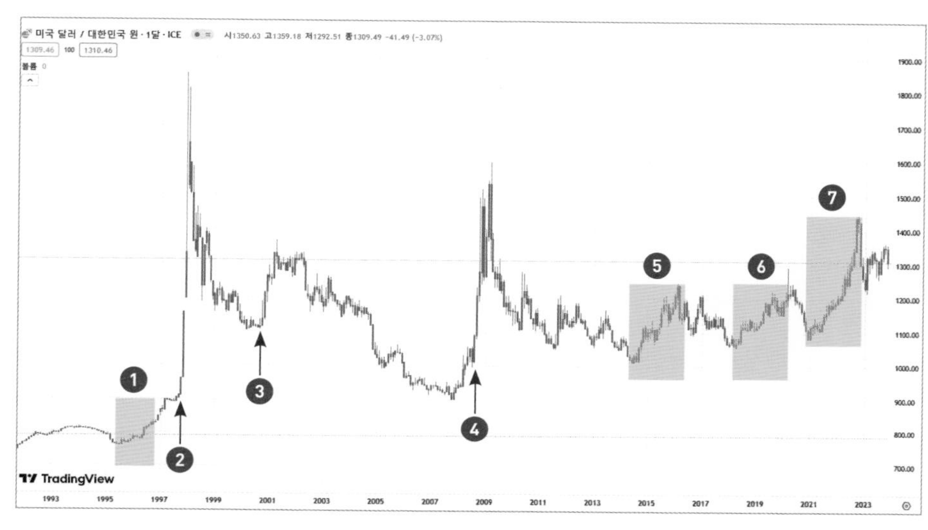

원달러 환율 및 환차익 기간(① 미국 금리 인상, ② IMF 외환위기, ③ 닷컴버블, ④ 글로벌 금융위기, ⑤ 글로벌 금융위기 후 첫 금리 인상 논의, ⑥ 금리 인상 및 달러 강세, ⑦ 급격한 금리 인상)

화폐의 가치보다 하락하는 경우 발생한다. 이를 '돈의 가치' 측면에서 생각해보면 '금리'와 연결시킬 수 있다. 예를 들어 한국의 금리가 미국의 금리보다 낮을 경우 환차익이 발생할 수 있다. 실제로 미국이 금리 인상을 단행하거나, 금리 인상을 논의할 무렵 원화 가치는 하락하곤 했다. 1994~1995년 금리 인상기, 2008년 이후 7년 만에 금리 인상을 논의했던 2014~2015년, 그리고 실제로 금리를 한참 인상한 2018년과 2018년의 영향이 컸던 2019년이 이에 해당한다. 물론 2021~2022년 금리 인상기도 여기에 포함된다.

IMF 외환위기 당시 원달러 환율 추이

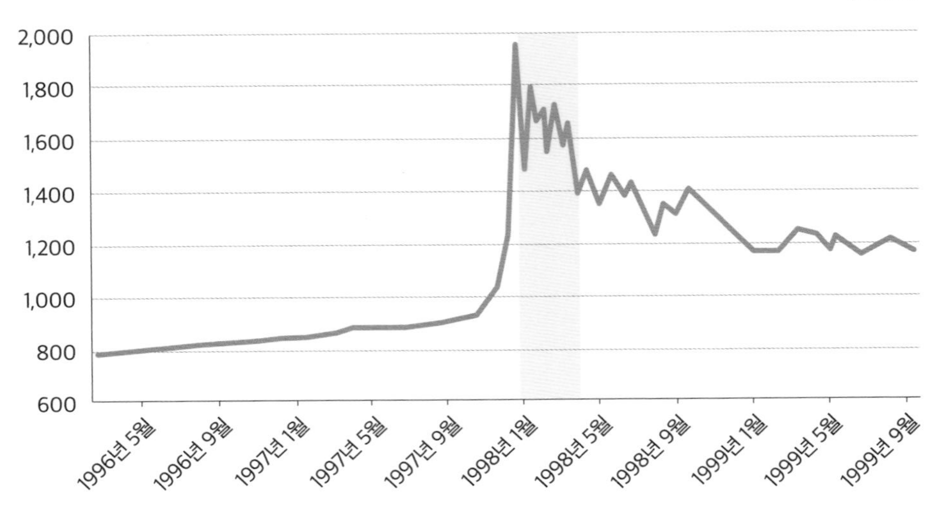

단순히 금리만 환율에 영향을 미치는 것이 아니기 때문에 '유동성'도 함께 고려할 필요가 있다. 유동성이 축소되는 구간도 환차익 구간에 해당한다. 달러는 미국채와 함께 손꼽는 안전자산이기에 시장에 리스크가 발생하면 그 수요가 폭발적으로 증가한다. 자산을 매각하고 현금을 보유하기 위한 움직임에도 달러가 활용되지만, 수요의 증가로 유동성이 위축되면 달러의 가치는 상승할 수밖에 없다.

원화의 가치가 하락하거나, 외인이 원화를 멀리할 만한 악재가 벌어지는 상황에서도 환차익을 기대할 수 있다. 대표적인 예로

IMF 외환위기와 글로벌 금융위기를 꼽을 수 있다(과거에는 대남 도발도 중대한 리스크에 속했지만 시간이 지나면서 희석되었다). 악재가 터져 한국채와 주식의 인기가 떨어지면 외인은 원화자산과 원화를 매도하고 달러를 매수한다. 일례로 한국이 IMF 구제금융을 요청한 1997년 말미에 1천 원 아래에 있던 원달러 환율은 무려 2천 원까지 치솟기도 했다. 글로벌 금융위기가 터진 2008년 말의 상황도 이와 흡사했다.

여기서 잠깐!

달러 스마일 이론이란?

'달러 스마일(Dollar Smile)' 이론이라는 것이 있다. 일반적으로 미국 경제가 상승세를 보이거나 펀더멘털이 회복세를 보이는 경우 달러 가치가 상승한다. 반대로 위기감이 찾아오거나 시장 변동성이 상승하는 경우에도 달러는 강세를 보인다. 투자자들이 안전자산인 달러를 선호하기 때문이다. 경기가 나빠도, 경기가 좋아도 강세를 보이는 달러의 경향이 웃는 모습과 비슷하다고 해서 달러 스마일 이론이라고 한다.
모건 스탠리의 외환 분석 전략가였던 스티븐 젠이 고안한 이 이론은 3가지 국면으로 구성된다. 연준의 긴축 정책 등의 이유로 미국 경제 성장이 완만히 둔화되는 경우 ②에 해당한다고 볼 수 있고, 경기가 성장해 과열 양상을 보이면 ③ 국면으로 이동한다. 반면 경기 침체를 겪어 투자자들 사이에서 안전자산 선호 현상, 위험 회피 현상이 발생하면 ① 국면에 접어든다.

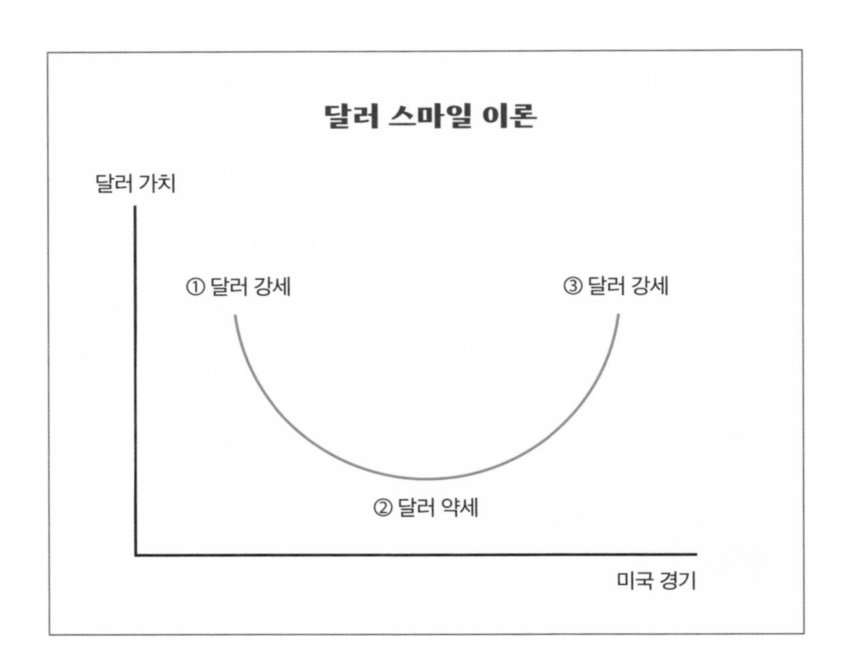
달러 스마일 이론
달러 가치
① 달러 강세
③ 달러 강세
② 달러 약세
미국 경기

원달러 환율의 역사 ②
환차손이 났던 시기

'환차손'이란 환변동에 따른
손해를 의미하는 것으로
환차익과는 반대되는 개념이다.

'환차손'이란 환변동에 따른 손해를 의미하는 것으로 환차익과는 반대되는 개념이다. 즉 투자한 자산의 가치가 하락해 손실을 보는 것이 아니라, 투자한 시점의 환율보다 투자를 종료하는 시점의 환율이 낮을 때 보는 손실을 뜻한다. 가령 원달러 환율이 1,200원일 때 달러자산에 투자했는데 시간이 흘러 원달러 환율이 1,080원이 되었다면, 최종적으로 환율에서 10% 손실을 입은 것이다.

앞서 미국이 금리 인상을 단행하거나 금리 인상을 논의하면 원화의 가치가 하락한다고 언급했다. 하지만 금리 인상기라고 해서 항상 원화의 약세가 심화되는 것은 아니다. 오히려 환차손이 발생했던 경우도 종종 있다. 2004~2006년 앨런 그린스펀 의장이 장장 17번에 걸쳐 금리를 인상했던 때가 대표적이다. 이때 원 달러 환율은 오히려 1,200원 부근에서 1천 원 이하까지 웃돌며 원화 강세를 보였다.

미국은 1990년대 말에도 경기 과열을 잡기 위해 금리를 인상했고 그 결과 달러는 강세를 보이고 닷컴버블을 야기했다. 1999년 초 100p를 하회하던 달러인덱스(이하 DXY)는 2001년 120p 부근까지 상승했고, 달러가 강세를 보이면서 반대로 신흥국의 화폐 가치는 하락했다. 달러 보유자 입장에선 신흥국 자산의

여기서 잠깐!

DXY란?

DXY란 주요 6개국 통화(유로, 엔, 파운드, 캐나다 달러, 스웨덴 크로나, 스위스 프랑) 대비 달러의 평균 가치를 나타내는 지표를 말한다. 통화의 가치가 비교적 안정적인 편에 속하는 6개국의 통화 가치 대비 달러 가치의 움직임을 파악하기 위해 만들어졌다. 일반적으로 DXY가 오르면 달러의 가치가 주요 통화 대비 상승했다는 뜻이고, 하락하면 달러의 가치가 주요 통화 대비 낮아졌다는 뜻이다.

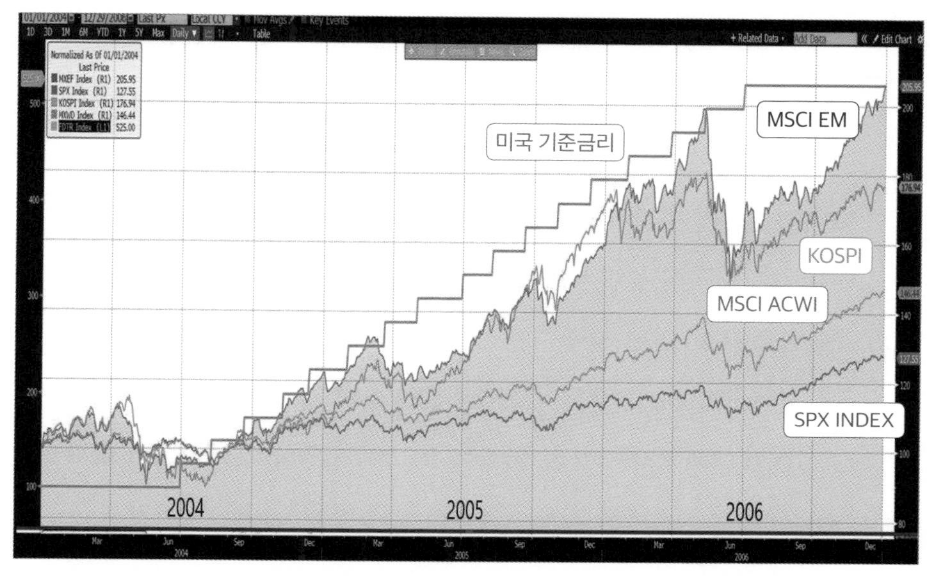

2004~2006년 미국 기준금리 및 선진국(SPX INDEX), 신흥국(MSCI EM), 한국(KOSPI), 글로벌(MSCI ACWI) 주가 흐름

자료: 블룸버그

가격 매력도가 상승하면서 헐값에 자산을 매입할 수 있는 절호의 기회가 찾아온 것이다.

이와 비슷한 이유로 2004~2006년 금리 인상기 때 신흥국 시장이 폭등하는 결과를 낳았다. 해당 기간 미국 시장(S&P500)은 30%, 글로벌 주가(MSCI ACWI)는 50% 상승한 반면, 신흥국 주가(MSCI EM)는 무려 2배가 뛰었고 코스피도 80% 가까운 수익을 올렸다. 개별 주식은 말할 것도 없다. 이러한 추세는 점진적으로 선진국에서 신흥국으로 자금이 이동하는 흐름을 만들어냈고 결국 금리 인상기임에도 불구하고 달러는 약세를, 원화를 포함한 신흥국 통화는 강세를 보였다.

비슷한 경우는 또 있다. 기간은 2004~2006년보다 짧지만 2017년 금리 인상기 때도 달러가 오히려 약세로 방향을 잡은 적이 있다. 미국의 금리가 올랐음에도 환차손이 발생한 해였다. 당시 미국은 2015년 말에 7년 만에 전격적으로 금리를 인상했는데, 본격적인 금리 인상은 2016년 12월부터 시작되었다. 2017년 초 100p 근처에서 시작한 DXY는 2017년 말 90p 초반까지 하락했다.

이론적으로는 미국이 금리를 인상할 경우 달러에 대한 수요가 확대되어야 하는 것이 맞지만, 2017년에 다시 한번 자금이 신흥국으로 쏠리면서 오히려 이머징마켓이 상승하는 상황이 벌어졌다. 물론 중국과의 무역전쟁으로 달러 약세 요인이 형성되었다고 볼 수도 있지만, 시장과 환율의 움직임을 보면 신흥국에 대한 배분이 커졌다고 판단할 수 있다. 해당 기간 미국 시장은 20%(나스닥100은 33%) 상승한 반면, 신흥국 주가는 30%, 코스피도 미국에 버금가는 성과를 보였다. 1,200원 부근에서 하락하기 시작한 원달러 환율은 1,100원을 깨고 1천원 대 중반까지 떨어지며 원화는 달러 대비 강세를 보였다.

금리가 돈의 가치라면 환율은 그 가치의 차이다. 하지만 유동성이 환율에 미치는 영향이 커지면 이러한 공식이 뒤집힐 수도 있다는 것을 환율의 역사를 통해 엿볼 수 있다.

한 걸음 더

서학개미 박 교수와 이 대리 이야기

강단에 선 지 10년이 훌쩍 지난 박 교수는 서학개미다. 뉴욕에서 박사과정을 밟을 당시 글로벌 금융위기를 경험했는데, 그때 미국 주식에 투자하지 못한 것을 10년 넘게 후회하다 2020년에 뒤늦게 서학개미가 되었다. 전공은 정치학이지만, 동학개미로 나름 좋은 수익률을 자랑했기에 자신감이 있었다. 박 교수는 서학개미가 되면서 관련 책도 많이 보고 주변 전문가에게 과외도 받았다. 은행, 증권사 PB도 만나고, 친한 경영학과 교수와 따로 식사도 하면서 나름의 투자 원칙을 정립해나갔다.

박 교수가 견지한 투자 원칙은 '장기 투자' '환노출' '손실 한도 −25%'였다. 주변 전문가들이 입을 모아 주식은 장기로 가져가야 하고, 펀드는 환노출이 좋고, 손실 한도를 명확히 해야 한다고 권했기 때문이다. 그는 ETF를 매입할 때도 원달러 환율이 그대로 노출되는 상품을 선택했고, −25%를 기록하는 종목이 있으면 과감히 비중을 줄였다.

나름 준비된 서학개미였지만 박 교수도 2022년은 힘든 한 해를 보낼 수밖에 없었다. 가장 큰 문제는 성장주로 구성된 ETF 위주로 구축한 포트폴리오였다. 최소 5년 이상 장기 투자를 목표로 구성한 핵심 주식들이 2022년 한 해에만 30~50% 이상 급락한 것이다. 그나마 다행인 부분은 상반기에 손절매로 비중을 조금이나마 줄인 점, 그리고 환율로 어느 정도 주가 하락을 방어한 점이었다.

박 교수는 빅테크 위주로 포트폴리오를 짰는데 그중에서도 테슬라의 비중이 가장 높았다. 2022년 3분기 말까지 테슬라의 하락폭은 25%에 달했지만, 다행히 동기간 원달러 환율이 20% 상승했기 때문에 손실을 어느 정도 상쇄할 수 있었다. 박 교수는 스스로 설정한 손실 한도를 지켜 3분기 말에 테슬라의 비중을 대폭 줄였다. 이후 4분기가 되자 테슬라는 큰 폭으로 폭락했고, 1~3분

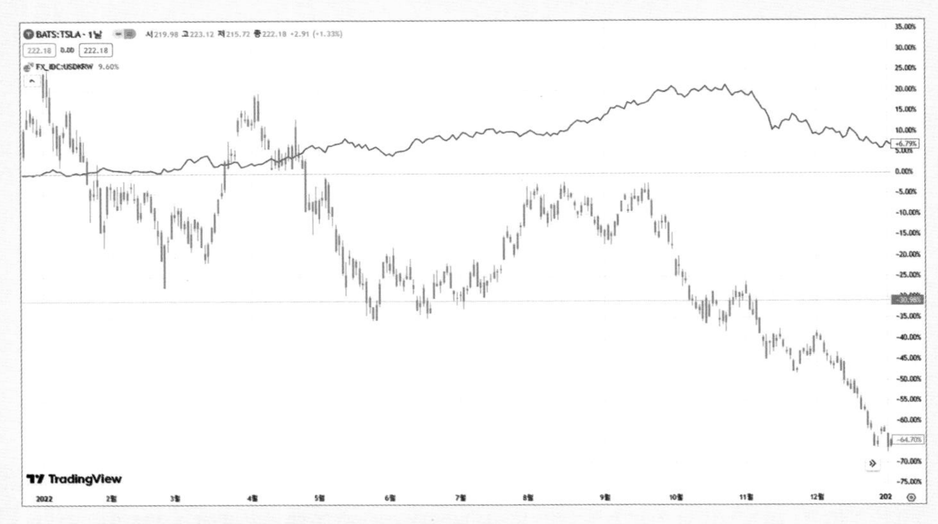

2022년 테슬라(붉은색) 주가와 원달러(파란색) 환율 추이

기를 합쳐 2022년 한 해에만 65% 하락을 기록한다. 같은 기간 원화의 가치는 6%가량 약세를 보였다.

결론적으로 약 60%의 손해를 볼 수 있는 최악의 상황에서도 약 5% 손해만 볼 수 있었던 이유는 원칙에 입각해 투자 판단을 내렸기 때문이다. 원달러 환율을 고려해 이성적인 판단을 내렸기에 어려운 시장에서도 손실을 최소화할 수 있었다. 지금도 여전히 박 교수는 스스로 정립한 투자 원칙에 입각해 성실하게 투자를 이어오고 있다.

대기업에 다니는 이 대리는 재테크에 관심이 많다. 월급만으로는 서울에 집을 살 수 없으니 투자밖에는 길이 없다는 생각으로 주식 공부를 시작했다. 그의 정보 소스는 대부분 유튜브다. 이른 아침부터 잠자기 전까지 눈이 빠질 정도로 열심히 본다. 거의 3년 동안 유명 애널리스트, 성공한 개미 등의 채널부터 미국 시장 개장을 생중계하는 프로그램까지 하루도 빠짐없이 시청했다. 주워들은 정보가 워낙 많다 보니 이제는 그도 사석에서 전문가 빰치게 시장을 이야기하곤 한다.

이 대리는 2020년 1분기부터 테마 펀드와 소위 '밈주식' 위주로 투자를 시작한다. 운이 좋았는지 2020년은 그야말로 호황이었다. 이 대리는 유튜브의 도움을 받아 순식간에 원금의 3배를 모으는 기적을 발휘한다. 특히 테마 펀드는 2020년 하반기부터 높은 성과를 기록했고 2021년 상반기까지 수익률만 놓고 보면 S&P500 ETF보다 성과가 좋았다. 무엇보다 환헤지 ETF였기 때문에 환율 측면에서도 많은 수익을 거뒀다.

문제는 2022년이었다. 포트폴리오 자체가 변동성이 너무 높았던 탓에 주식이 큰 폭으로 하락했다. 장밋빛 전망을 쏟아내던 유튜브도 슬슬 부정적인 기류가 흘렀다. '올 웨더 전략'과 같은 자산배분을 주제로 한 영상이 올라오기 시작했고, 이 대리도 뒤늦게 그간 제대로 시도하지 않았던 자산배분을 시작했다. 그는 자산배분을 위해 미국에 상장된 채권형 ETF에 투자했다. 자산을 분산한 것 자체는 잘한 일이지만 문제는 시기였다. 하필 채권 시장에

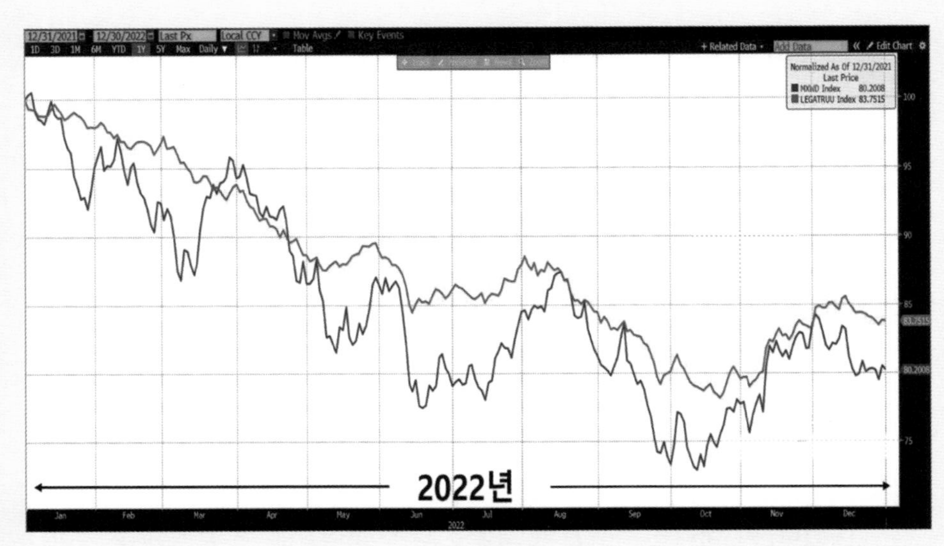

2022년 글로벌 주식(검은색), 글로벌 채권(파란색) 추이. 글로벌 주식은 약 20%, 글로벌 채권은 약 16.3% 하락했다. 채권에 분산 투자하면 주식에 100% 투자하는 것보다 방어는 되었겠지만 대동소이한 상황이었다.

자료: 블룸버그

20년 만에 불황이 찾아왔고 이 대리의 손실은 눈덩이처럼 불어난다. 물론 이 또한 장기적으로 보면 어떻게 될지 모르는 일이지만 2022년 한 해만 놓고 보면 실패한 투자였다.

이 대리는 환율을 예측하는 것이 매우 어렵다는 유튜브의 이야기를 듣고 환변동성은 전혀 고려하지 않았다. 그래서 펀드도, ETF도 모두 환헤지형으로 투자했다. 이 선택이 더 큰 화를 불러일으켰다. 2021년 중반까지 원달러 환율이 하락하면서 환을 헤지한 자산은 환을 오픈한 자산보다 좋은 성과를 거뒀다. 그러나

이 대리는 환율의 흐름이 이렇게까지 급히 바뀔 줄은 예상하지 못했다. 2022년 3분기 원달러 환율이 1,300원 후반을 넘자 그는 뒤늦게 원달러 환율을 오픈한 언헤지 자산으로 교체했다. 그러나 환율은 2022년 4분기부터 다시 하락했고, 이 대리는 그간 거둔 수익률을 환율의 하락과 함께 고스란히 반납해야 했다.

박 교수와 이 대리 모두 나름대로 투자에 대해 공부하고 시장 상황에 맞게 합리적인 선택을 했다고 볼 수 있다. 하지만 환율을 바라보는 자세가 투자의 성패를 나누는 결정적 차이를 제공했다. 대응이라는 관점에서 보면 박 교수는 장기적인 원칙이 있었고, 이 대리는 원칙 없이 단기적으로 전략을 변경했다. 박 교수는 환율을 예측하는 일이 어렵고 장기적이어야 한다는 것을 알고 있었다. 이 대리는 환율마저도 그때그때 대응할 수 있다는 생각으로 투자에 임했다. 다시 말해 박 교수는 환율 앞에 겸손했고, 이 대리는 오만했다.

환율은 매우 장기적인 안목으로 접근해야 한다. 단기적으로 예상하기에는 변수가 너무 많기 때문이다. 너무나 많은 요소에 영향을 받아 그 움직임을 예측하기도, 성격을 정의하기도 어렵다. 특정 통화의 움직임을 파악하기 위해서는 해당 국가의 상황뿐만 아니라 국제 정세, 특히 세계를 선도하는 국가들의 움직임을 살펴봐야 한다. 이 대리는 값비싼 수업료를 치르고 나서야 이 부분을 깨달았다. 두 사례가 다소 대조적이기는 하나, 그만큼 환율은 투자하는 자산보다 더 장기적이고 넓게 고려해야 하는 영역이다. 어쩌면 투자의 세계에서 난이도가 가장 높은 영역에 속한다고 볼 수 있다.

핵심 요약

- 달러는 현대판 금이다. 금은 지금도 존재하지만 달러에 많은 가치를 빼앗겼다고 볼 수 있다. 달러는 현대판 금으로 고유의 가치를 유지하고 있고, 미국은 달러의 가치를 조절하는 절대적인 권력을 쥐고 있다. 금이 달러이고, 달러가 곧 금이다. 달러를 종이로 바뀐 금이라 생각하면 그 가치가 얼마나 매력적인지 쉽게 이해될 것이다.

- 달러 투자가 필요한 첫 번째 이유는 달러가 안전자산이기 때문이다. 금과 같이 세계 경제에 위기가 드리울 때면 사람들이 가장 손쉽게 찾는 자산이기도 하다.

- 환율이 발행국의 펀더멘털을 반영한다는 관점에서 볼 때, 달러 투자는 사실상 미국이라는 국가 자체에 투자하는 것과 같다.

- 국제 기준을 따른다면 달러원이라고 표기하는 것이 맞지만 이미 관용적으로 사용되고 있는 용어를 바꾼다면 혼란을 피할 수 없을 것이다. 'USD/KRW'를 '원달러' 환율이라 표현하되 기준이 되는 통화는 원이 아닌 달러인 점만 기억해 두기 바란다.

- 원화가 절상되었다는 것은 달러 대비 원화의 가치가 상승했다는 뜻이며, 더 나아가서 원달러 환율이 하락했다는 뜻이다. 반대로 원화가 절하되었다는 것은 달러 대비 원화의 가치가 하락했다는 뜻이며, 더 나아가서 원달러 환율이 상승했다는 뜻이다.

- 금리가 돈의 가치라면 환율은 그 가치의 차이다. 하지만 유동성이 환율에 미치는 영향이 커지면 이러한 공식이 뒤집힐 수도 있다는 것을 환율의 역사를 통해 엿볼 수 있다.

✦

원달러 환율의 흐름을 예측하는 가장 쉬운 방법은
우리나라 원화의 움직임이 아닌,
미국 달러의 강세와 약세를 예상하는 것이다.
물론 원화도 달러처럼 엔화, 유로화, 위안화로부터
영향을 많이 받기 때문에 각각을 고려할 필요도 있으나,
원화보다는 달러가 예측할 수 있는 정보도 많고
관련 애널리스트도 많기 때문에
달러를 기준으로 보는 것이 더 용이하다.

두 번째

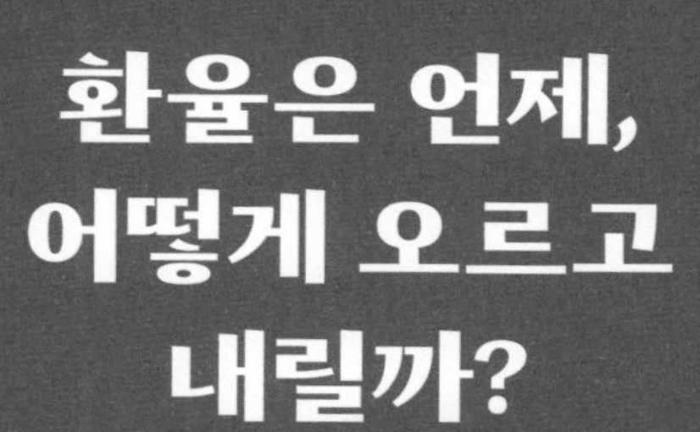
환율은 언제, 어떻게 오르고 내릴까?

DOLLAR INVESTMENT

달러의 가치를 나타내는 지표, DXY

경제 규모가 그나마 비슷한 국가들의 통화와 달러를
복합적으로 비교해 나름의 지표로 그 가치를 산출하고
정형화한 자료가 있는데, 그것이 바로 'DXY(US Dollar Index)'다.

환율의 움직임을 예측할 수 있다면 얼마나 좋을까 항상 고민한다. 컨센서스를 참고하고 경제의 펀더멘털을 면밀히 분석하면 장기적인 방향은 어림짐작할 수 있으나, 경험상 주식이나 채권처럼 기민하게 대응하기란 매우 어렵다. 어쩌면 달러라는 굳건한 기축통화가 있으니 우리가 그나마 방향성 정도라도 예측할 수 있는 게 아닐까? 만약 달러와 같은 강력한 '기준'이 없었다면 고만고만한 통화들의 흐름을 파악하기란 불가능했을지도 모른다. 개별 통화의 경우 지엽적인 이벤트와 국가 상황에 따른 변수가 워낙 다양해 따져볼 항목이 지금보다 훨씬 많았을 것이다. 즉 달러는 환율이라는 넓고 애매한 영역에서 중심을 잡아주는, 다시 말해 포트폴리오에서 핵심 자산과 같은 역할을 한다.

그럼 달러의 가치는 어떻게 평가할까? 달러가 그냥 일반적인 통화라면 모든 국가의 통화와 일일이 비교하는 것이 옳을 수도 있다. 하지만 화폐가 해당 국가의 경제 수준을 반영한다는 것을 고려하면 체급이 많이 차이 나는 국가의 통화와 단순 비교하는 것은 온당치 않다고 본다. 예를 들어 수리남이라는 국가에서 쓰는 수리남 달러와 미국의 달러를 비교해보자. 수리남은 대한민국보다도 훨씬 작은 경제 규모를 지닌 국가다. 2021년 기준 GDP는 28.6억 달러 수준으로 대한민국의 0.157%, 미국의 0.012%에 불과하다. 따라서 국가의 펀더멘털을 반영하는 환율을 평가할 때, 특히 압도적인 경제 규모를 자랑하는 미국의 화폐가 그 기준이라면 개별 국가와의 비교는 의미가 없다고 본다. 다소 과한 예시를 들었으나 이 부분은 우리나라 원화도 마찬가지고, 베트남 동화도 마찬가지다.

달러는 일부 통화와의 비교로 가늠하기 쉽지 않다. 그래서 경제 규모가 그나마 비슷한 국가들의 통화와 달러를 복합적으로 비교해 나름의 지표로 그 가치를 산출하고 정형화한 자료가 있는

DXY를 구성하는 6개 통화의 비중

통화	비중
유로(EUR)	57.6%
엔(JPY)	13.6%
파운드(GBP)	11.9%
캐나다 달러(CAD)	9.1%
스웨덴 크로나(SEK)	4.2%
스위스 프랑(CHF)	3.6%

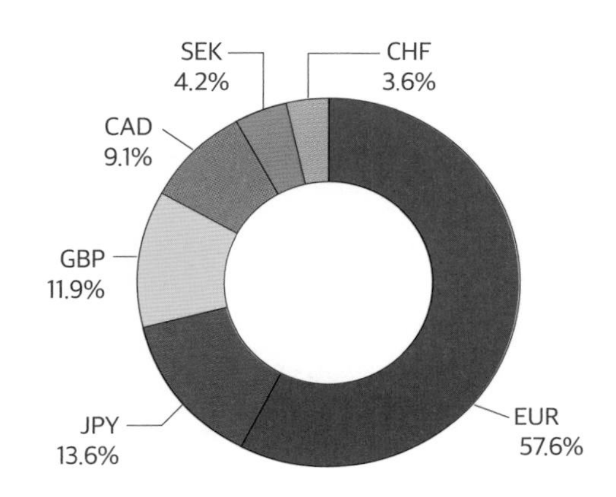

데, 그것이 바로 'DXY(US Dollar Index)'다. '달러 인덱스' 'DIXIE' 라고도 불리는 DXY는 유로, 엔, 파운드, 캐나다 달러, 스웨덴 크로나, 스위스 프랑을 해당 국가의 경제 규모 비중대로 안배해 비교한다. 비교적 외환 시장이 잘 발달되어 있고 무역 규모를 견줄 만한 국가들로 구성했다고 보면 된다.

연준은 1973년 3월의 값을 기준(100p)으로 잡고 DXY를 고안했는데, 이는 1971년 닉슨 대통령의 금태환 정지 선언 이후 약 2년 만이다. 금태환 정지 선언 이후 달러의 가치가 더 이상 고정되지 않고 수시로 변하자 달러의 가치 등락을 정교하게 평가할 필요성이 생겼고, 이를 위해 연준은 DXY를 고안한다. 브레튼우즈 체제가 무너졌음에도 다른 국가들이 머뭇거리면서 달러의 수

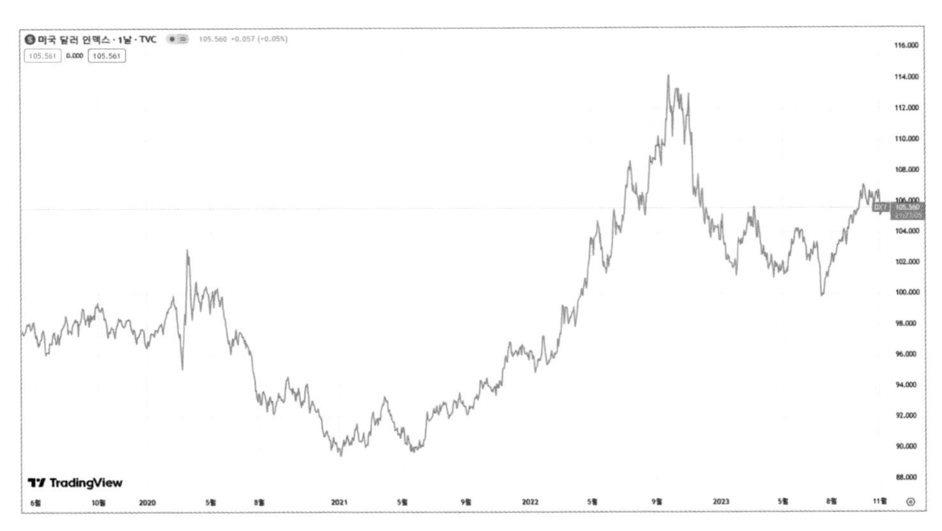

DXY 추이. 2022년 급격한 금리 인상 기조로 연준의 입장이 바뀌면서 급격히 상승했다.

요가 예상보다 저조하자, 달러가 금의 가치를 물려받을 수 있도록 그 가치를 보다 객관적으로 표시하고 표명할 필요가 있었다.

초기 모델에는 독일 마르크, 프랑스 프랑, 이탈리아 리라, 네덜란드 길더, 벨기에 프랑이 포함되어 있었으나 유로존으로 통합된 이후인 1999년 유로화를 포함시켜 구성비를 변경했다. DXY의 구성에서 볼 수 있듯이 DXY가 나타내는 달러의 가치는 유로화의 영향을 크게 받을 수밖에 없는 구조다. 따라서 유로화가 급락하거나 급등할 경우 달러의 가치 역시 급등하거나 급락할 수 있으며, DXY와 연관이 없는 다른 국가의 통화까지 영향을 받을 수 있다.

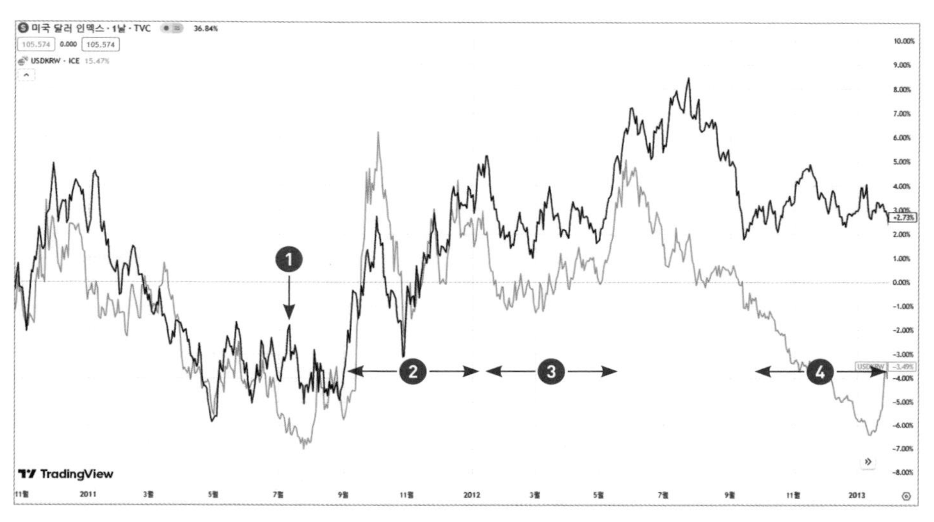

2011년 유럽 재정위기 당시(① 그리스 2차 구제금융, ② 유럽 위기감 확산, ③ 유럽 중앙은행 LTRO 실시 ④ 유럽 중앙은행 OMT) DXY(검은색)와 원달러(붉은색) 환율 추이

DXY 구성에 포함되어 있다면 작은 비중을 차지하더라도 충분히 달러에 영향을 줄 수 있다. 3.6%밖에 되지 않는 스위스 프랑의 사례를 살펴보자. 스위스의 대표 은행 크레디트스위스는 2022년부터 시작된 뱅크런으로 4분기 예금이 30% 이상 축소되는 상황을 맞이했고, 결국 유동성 위기로 대주주인 사우디국립은행(SNB)에 도움을 요청했다. 하지만 2023년 3월 15일 사우디국립은행이 "추가적인 자금 수요가 있어도 추가 재정을 제공하지 않겠다."라는 입장을 발표하면서 크레디트스위스는 사실상 파산한다. 스위스 프랑은 순식간에 약세로 돌아섰고 달러는 강세로 기

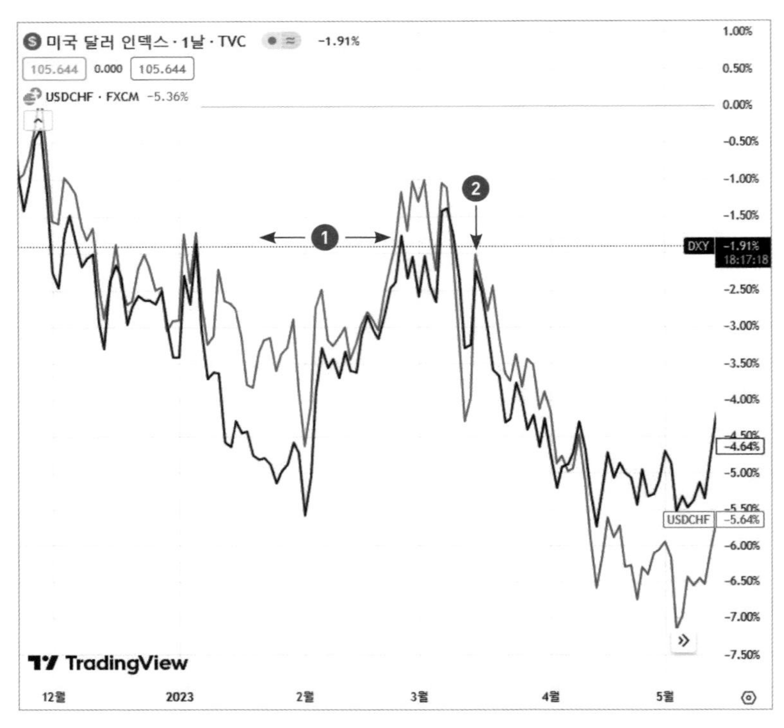

크레디트스위스 파산 위기 당시(① 크레디트스위스 도산 위기 감지, ② 사우디국립은행 재정 지원 거절) DXY(검은색)와 USD/CHF(파란색) 환율 추이

조를 바꿨다. 하지만 곧 스위스 정부가 직접 나서 사태를 진정시켰으며 UBS가 인수하기로 결정하며 스위스 프랑은 다시 강세 기조를 되찾는다.

이러한 현상에는 반론도 존재하는데, 안전자산을 선호하는 기조가 시장 전반에 퍼지면 달러를 찾는 수요가 늘어나기 때문이다. DXY를 구성하는 화폐의 상황도 물론 중요하지만, 그보다는

여기서 잠깐!

뱅크런이란?

뱅크런이란 경제 상황이 악화되어 은행에서 단기간 예금에 대한 대량의 인출 요구가 일어나는 사태를 말한다. 뱅크런의 특징은 전염성이 강하다는 것이다. A은행의 경영이 악화되어 예금을 돌려주지 못한다는 소문이 돌면 A은행 예금자뿐만 아니라 B은행에 돈을 맡겨둔 예금자도 불안감을 느낀다. 이렇게 사람들의 불안 심리가 퍼져 건전한 은행도 뱅크런에 직면하면 경제는 공황 상태에 빠질 수 있다. 크레디트스위스는 2008년 글로벌 금융위기와 2011년 유럽 재정위기를 거치면서 계속해서 파산설이 흘러나왔고, 2022년 4분기부터 2023년 3월경까지 무려 1,100억 스위스 프랑 규모의 돈이 인출되었다.

위기 때 현금(달러)을 확보하려는 투자자들의 움직임이 더 큰 영향을 미친다는 것이다. 그도 그럴 것이 글로벌 규모의 이벤트, 즉 기업이나 국가의 시스템에 이상이 발생하면 투자자들은 안전자산인 달러를 확보하기 위해 노력하기 마련이다. 이 경우 달러의 가치는 상승하고, 반대로 이벤트가 벌어진 해당 기업이나 국가는 경제 가치가 하락한다. 어찌 보면 당연한 이치라고 생각한다.

달러는 시장이 흔들릴 때마다, 그리고 위기가 닥쳐올 때마다 절상하며 시장의 향방을 정해주고 있다. 실제로 시장이 크게 흔들렸던 2022년 DXY는 큰 폭으로 급등하는 모습을 보였다. 2022년과 같이 침체에 대한 공포, 금리의 영향, 타 통화의 환변동성이 복합적으로 나타나 달러의 가치에 영향을 미치는 것은 굉장히 드문 사례에 해당한다.

알려진 바에 따르면 DXY는 1973년 무역 거래 비중을 고려해 고안되었는데, 당시에는 화폐 거래 비중에 따라 가치를 합리적으로 반영하려는 순수한 의도가 있었다고 본다. 하지만 당시의 기준을 수십 년이 지난 지금까지 그대로 고집하고 있는 이유에 대해선 의문이 남는다. 초기에 선정된 국가가, 하물며 유럽이 통합된 지금까지 그대로 내려오고 있는 이유는 무엇일까? 달라진 국제 무역 지형을 무시하고 중국, 멕시코, 호주 등의 통화를 제외한 것은 분명 숨겨진 의도가 있을 것이다.

우선 짚어볼 사안은 DXY의 구성과 비중이다. 그중에서 절반에 달하는 유로화가 첫 번째 의심의 대상이다. 유럽연합 통계국의 조사에 따르면 유럽의 대미무역 수출 비중은 18%이며, 수입 비중은 12%에 불과했다(2020년 기준). 모든 대미무역에 달러를 활용한다고 해도 유로가 미국으로 흘러들어가는 비중은 DXY에서 유로가 차지하는 비중 50%보다는 훨씬 낮은 것이다.

아마도 유로의 비중이 높으면 달러의 가치를 방어하는 데 유리하기 때문이라고 그 의도를 미뤄 짐작해본다. DXY를 만든 주체가 연준이고, 연준이 물가를 통제하는 역할 외에도 달러의 가치를 수호하는 데 앞장선다는 것은 삼척동자도 아는 사실이다. 그렇다면 미국은 유로를 통제할 자신이 있어서 혹은 유로를 통제할 수 있어서 달러의 가치를 방어하는 간접 수단으로 활용하는 것일까? 아니면 유로화 자체가 강세가 되기 어려운 근본적인 원인을 내재하고 있기 때문일까?

유로화, 엔화를 쥐고 흔들다

미국이 유로화에 언제 발병할지 모를
균을 심어놓았다면, 엔화는 심각한 가스라이팅으로
아예 저항하지 못하도록 만든 것은 아닌지 의심해본다.

미국이 유로화를 통제할 수 있을까? 쉽지 않다. 2021년 기준 미국의 GDP가 유럽 전체의 GDP보다 약 1.5배 높기 때문에 충분히 그럴 수 있을 것 같지만, 말이 쉽지 한 나라가 여러 강대국의 통화를 좌지우지하기란 불가능에 가깝다. 지금은 늙고 힘이 빠져 있는 것처럼 보여도 왕년에 힘 좀 쓰던 역전의 용사들인데, 아무리 지금 전성기를 누리는 미국이라 한들 마음대로 통제하기가 쉽지 않다. 미국의 금융 시장을 차지하고 있는 유대인과 유럽의 관계를 고려하면 상황은 더 복잡해진다. 2023년 이스라엘-하마스 전쟁 때 이스라엘에 대한 미국의 '사랑'을 보지 않았던가? 따라서 미국이 유럽연합을 직접적으로 통제할 수는 없어도 적어도 DXY를 통해 유럽연합에 적지 않은 영향을 미치고 있고, 유로화 약세의 원인을 제공했다고 보는 것이 합리적일 것이다.

〈뉴욕타임스〉 2010년 2월 13일 기사 '월스트리트가 유럽의 위기를 부채질하는 부채를 감추는 데 도움이 되었다(Wall St. Helped to Mask Debt Fueling Europe's Crisis)'에 따르면, JP모건과 같은 미국 대형 은행은 유럽연합 초기부터 유로화의 강세 가능성 자체를 지우는 작업을 진행한 것 같다. 물론 사기업인 대형 금융사가 미국을 대표한다거나 정부의 입장을 대변한다고 보는 시각에 이견이 있을 수 있지만, 사기업이 벌인 일이라고 하기에는 규모가 굉장히 큰 일이었다(로스차일드 가문과 모건 가문이 주축이 되어 연준을 세웠음을 감안하면 대형 은행이 정부의 역할을 일부 소화한다고 보는 시각도 신빙성이 있다).

미국 대형 금융사가 정부의 일을 대신했다고 가정하면 이해가 오히려 쉬운데, 한때 전 세계를 쥐락펴락했던 유럽의 재건 가능성을 우려해 싹을 잘라냈다는 해석도 가능하다. 볼모는 재정이 그리 좋지 않았던 남유럽 국가, 특히 그리스였다. 그리스는 사실 오랜 기간 부채와 재정 적자로 몸살을 앓던 나라였다. 그리스 정부는 이러한 문제를 손쉽게 타개하고자 수단과 방법을 가리지 않고 유로화를 도입한다. 자국 통화인 드라크마를 버리고 독일과 프랑스가 가치를 높인 '고귀한' 유로화를 사용하면 자본 차입 및 수입 경쟁력 강화로 단숨에 상황을 뒤바꿀 수 있다는 계산이었다.

결론부터 말하자면 그리스는 유로존 편입 당시 문제가 될 소지가 높았던 재정 적자 문제를 골드만삭스와 함께 나름 합법적인 방법으로 해결했다. 개인적으로 미국 대형 금융사가 유로화 강세의 싹을 잘랐다고 생각하는 부분이 바로 이 지점이다. 골드만삭스는 유로화 편입을 앞둔 2000년 그리스 신의 이름을 딴 '아이올로스(Aeolos)'라는 파생상품을 그리스 정부에 제안한다. 그리스 공항의 미래 착륙료를 담보로 28억 유로를 융통할 수 있도록 설계한 해당 파생상품은 차입금을 대출(Loan)이 아닌 회계상 매출(Sales Revenue)로 인식하게 만드는 요술 방망이였다. 해당 파생상품을 이용하면 대출도 매출로 인식하니 재무건전성이 제고될 수밖에 없었다. 문제는 골드만삭스뿐만 아니라 JP모건도 이와 유사한 파생상품을 여러 남유럽 국가에 제공했다는 것이다. 즉 재무건전성이 떨어지는 국가로 하여금 유로존 가입 기준을 맞출 수 있도록 도와준 것이다.

'아이올로스'의 융통 원금은 28억 유로지만, 골드만삭스에게 무려 6억 유로의 수수료 수익을 안겨준다. 수수료까지 포함하면 그리스 정부는 34억 유로의 부채를 떠안게 된 것이다. 자국 통화인 드라크마를 쓰다가 유로화를 썼기 때문에 초반에는 은행 이자가 저렴했지만, 소비 규모가 너무 커지고 빚과 이자가 감당할 수 없을 만큼 늘어나면서 결국 그리스는 IMF에 구제금융을 신청하게 된다.

개인에 빗대어 비유하면, 월급만으로 빠듯하게 생활하다가 은행이 마이너스 통장이라는 요술 방망이를 손에 쥐어주자 돈을 펑펑 쓴 것과 같다. 수입에 비해 과하게 지출함에도 은행이 대출 한도를 계속 늘려준 것이다. 골드만삭스, JP모건 등의 미국 투자 은행은 재무건전성이 떨어지는 남유럽 국가를 상대로 마이너스 통장을 열어준 것이고, 그 한도를 지속적으로 늘려 경쟁력 약화를 유도한 셈이다. 나중에 어떻게 될지 짐작하고 말이다. 결국 달러에 대적할 대항마였던 유로화의 체력은 약화되었고, 미국은 따로 플라자합의와 같은 강압적인 수단을 쓸 필요도 없었다.

유로화의 부진은 달러가 기축통화의 지위를 굳건히 유지하는 데 많은 도움이 되었다. 미국 대형 금융사가 몰래 유로화에 수두균을 심어놓은 탓에, 유로화는 면역력이 떨어질 때마다 대상포진이 발현되어 달러의 아성을 넘을 수 없게 되었다. 물론 최근 그리스는 부도 위기를 극복해 글로벌 3대 신용평가사 중 하나인 스탠더드앤드푸어스(S&P)가 10여 년 만에 '투자 부적격(BB+)' 등급에서 '투자 적격(BBB-)' 등급으로 상향 조정했다. 하지만 근본적인 문제 해결을 위해서는 시간이 좀 더 필요하다고 본다. 음모론처럼 느껴질 수 있지만 그만큼 달러가 기축통화로서 고고한 지위를 지키는 일은 미국에게 중요한 일이다.

한편 '플라자합의'에 대해 생각해볼 필요가 있다. 왜 일본은 쉽게 대달러 엔화 절상을 수락했을까? 우리가 아는 일본은 자국의 이익에 너무나도 밝은 국가인데 말이다. 플라자합의를 통해 일본의 경제를 한번에 주저앉힌 미국의 힘도 놀랍지만, 왜 일본이 그러한 조치에 쉽게 수긍했는지 의구심도 든다.

여기서 잠깐!

플라자합의란?

1985년 G5(미국, 프랑스, 독일, 일본, 영국) 재무장관이 뉴욕 플라자호텔에서 외환 시장에 개입해 달러 강세를 시정하기로 결의한 조치를 말한다. G5는 플라자합의에서 달러의 가치 하락을 유도하기 위해 공동으로 외환 시장에 개입하기로 합의한다. 그 결과 엔화의 가치가 상승하면서 일본 기업의 수출 경쟁력은 크게 약화되었다.

미국이 유로화에 수두균을 심어놓고 '약세'를 유도했듯이, 엔화도 힘으로 눌러 앉힌 것이라는 합리적인 의심이 든다. 그도 그

1945년 7월 연합군 정상들이 독일 포츠담에서 제2차 세계대전의 후속 처리를 논의하는 모습. 일본과 식민지 처리 방안에 대한 문제가 협의되었다.

럴 것이 DXY 내에서 엔은 파운드보다도 비중이 높은 통화다. 그러한 관점에서 보면 미국은 엔화의 움직임을 제어해야 달러의 숭고한 지위를 효과적으로 유지할 수 있다.

알다시피 제2차 세계대전 당시 일본은 일찍이 패전의 기운을 감지했음에도 포츠담 회담에서 연합군이 제시한 마지막 기회를 져버렸고, 전쟁은 미국이 히로시마와 나가사키에 원자폭탄을 터뜨리고 나서야 끝이 난다. 1945년 7월 〈뉴욕타임스〉에 실린 '일

본은 공식적으로 동맹국의 항복 통첩을 거부한다(Japan officially turn down allied surrender ultimatum)'라는 기사는 해리 트루먼 대통령으로 하여금 돌이킬 수 없는 결정을 하게 만든 촉매제가 되었다. 그런데 해당 기사가 일본 수상이 포츠담 회담의 결정을 보류하겠다는 뜻에서 언급한 '모쿠사츠(もくさつ)'라는 단어를 오역해 일이 꼬였다는 이야기가 전해진다(물론 그대로 믿을 수는 없다).

'모쿠사츠'에는 '무시하다(Ignore)' '보류하다(No Comment)'라는 2가지 뜻이 있는데, 당시 일본 정부가 포츠담 회담의 항복 조건을 수긍할지 말지 보류한다는 의미에서 이 단어를 사용했다는 것이다. 이 말은 전달되는 과정에서 오역되었고, 항복 요구를 묵살한다는 일본의 답변에 격분한 미국은 결국 2주 후 원자폭탄을 투하한다. 트루먼 대통령은 이전부터 일본에 대한 좋지 않은 감정을 강하게 드러냈기 때문에 해당 사건은 그냥 미국에게 명분을 준 것이라고 보는 해석이 합리적으로 보인다.

일본 수상의 '주저함'은 포츠담 회담의 항복 조건을 보면 쉽게 수긍이 간다. 무조건 항복하고, 군국주의를 완전히 없애고, 전범을 재판하고, 무장을 완벽히 해제하고, 일본의 영토 또한 연합군이 지정한다는 내용이 들어 있기 때문이다. 또 전쟁을 일으킬 힘이 사라질 때까지 연합군이 일본을 점령한다는 내용과 민주주의를 육성하겠다는 내용도 포함되어 있다. 주체가 연합군이지만

'미국'이 실질적인 주어인 것은 누구나 아는 사실이다.

미국은 이를 계기로 일본을 사실상 점령하면서 일본의 시스템을 재정비할 수 있는 명분을 얻었다. 어쩌면 일본 군국주의의 관점에서 볼 때 미국은 새로운 군주였으니 '충성'을 다할 수밖에 없었다. 플라자합의도 그러한 맥락에서 수락한 것인지도 모른다. 플라자합의뿐만 아니라 일본은 필요 이상으로 양적완화를 추진하고 미국이 필요할 때 국채를 매입하는 등 온갖 가려운 곳을 긁어주는 역할을 하고 있다.

일본의 저자세를 단순히 패전국의 트라우마로 보기 어렵다는 해석도 존재한다. 〈뉴욕타임스〉의 1994년 10월 9일 기사 'CIA는 50~60년대 일본 우익을 지원하기 위해 수백만 달러를 썼다(CIA spent millions to support Japanese Right in 50's and 60's)'를 보면 이유를 어렴풋이 알 수 있다. CIA는 보수파 통합으로 자민당이 설립될 때 막후에서 지원을 아끼지 않았다. 훗날을 도모해 적극적으로 젊은 의원들을 포섭했다는 이야기도 나온다. 만약 기사가 사실이라면 미국은 실질적으로 일본 정치를 장악하고 있는 셈이다.

모든 일에는 명분이 있어야 하는데 미국의 명분은 너무나도 분명했다. 공산주의와의 대결에서 일본은 지리적으로 마지막 보루였고, 아시아 태평양 지역에 영향력을 행사하기 위해 지켜야 하는 교두보였을 것이다. 자민당은 이러한 이념적 동맹에 동의해 미

JPY/USD 환율과 미·일 금리차 추이

*** 2년물 국채금리 기준**

자료:블룸버그

국의 도움으로 영구 집권의 기반을 다졌을 것이다. 기사는 서두에서 CIA의 자민당에 대한 재정적 지원이 이번이 처음은 아니었으며 오랫동안 부인되어 왔다고 언급한다. 하지만 기사 말미에 록히드마틴 등의 대기업이 개입된 인터뷰 전문을 보면 정부뿐만 아니라 양국의 기업 간에도 깊고 복잡한 관계가 엮여 있음을 짐작할 수 있다.

군국주의의 관점에서 보면, 그리고 일본의 정치 지형을 고려하면 일본이 왜 연준보다도 적극적으로 달러의 지위와 가치를 제고하기 위해 노력하고 있는지 어느 정도 설명이 가능하다. 플라자 합의 이후 일본은 '잃어버린 30년'을 극복하기 위해 무제한 양적 완화의 길을 걷고 있다. 인플레이션이 나타나고 있는 현재도 금리를 올리는 데 주저함이 묻어난다. 금리를 올려 엔화의 가치가 상승하면 달러의 가치에 좋을 게 없기 때문이다. 미국이 2008년부터 2015년까지 제로금리를 유지할 수밖에 없었던 상황을 고려하면 엔화가 달러의 보디가드 역할을 했음은 분명해 보인다. 일본은 인플레이션에도 불구하고 지금도 달러에 해를 끼치는 행동을 하지 않기 위해 노력하고 있다. 일본이 금리를 올리지 못하고 주저하고 있는 배경으로 볼 수 있다. 물론 엄청난 정부 부채에서 비롯된 이자 증가의 부담이 첫 번째 이유겠지만 말이다.

미국이 유로화에 언제 발병할지 모를 균을 심어놓았다면, 엔화는 심각한 가스라이팅으로 아예 저항하지 못하도록 만든 것은 아닌지 의심해본다.

금리와 환율의 움직임

관념적으로 돈의 가치를 결정하는 요소는
금리이기 때문에 환율을 예측하기 위해선
금리를 먼저 생각해볼 필요가 있다.

원달러 환율의 흐름을 예측하는 가장 쉬운 방법은 우리나라 원화의 움직임이 아닌, 미국 달러의 강세와 약세를 예상하는 것이다. 물론 원화도 달러처럼 엔화, 유로화, 위안화로부터 영향을 많이 받기 때문에 각각을 고려할 필요도 있으나, 원화보다는 달러가 예측할 수 있는 정보도 많고 관련 애널리스트도 많기 때문에 달러를 기준으로 보는 것이 더 용이하다.

원달러 환율에 있어 환율이 상승하는 경우, 즉 달러 가치가 원화 대비 상승하는 상황은 여러 가지가 있다. 우선 미국 기준금리가 한국 기준금리보다 강하게 상승할 때를 꼽을 수 있다. 관념적으로 돈의 가치를 결정하는 요소는 금리이기 때문에 환율을 예측하기 위해선 금리를 먼저 생각해볼 필요가 있다. 달러는 활용도면에서 원화 대비 압도적으로 높고, 물가와 성장이 상대적으로 안정적인 국가의 통화이기 때문에 더욱 그렇다. 물론 일부 신흥국처럼 금리가 높아도 고물가, 저성장 국면에 접어든 환경이라면 금리가 돈의 가치를 나타낸다고 말하기는 어려울 것이다.

미 연준이 금리를 강하게 올리면 더 높은 금리를 추구하는 수요에 따라 미국으로의 자금 이동은 활발해지는데, 그 과정에서 원화자산은 매도하고 달러자산을 매수하는 거래가 늘어난다. 당연히 원화의 가치는 하락하고 달러의 가치는 상승하면서 원달러 환율은 상승한다. 앞서 유동성으로 관념적 공식이 어긋날 수 있다고 설명한 바 있듯이 이러한 패턴이 100% 맞는 것은 아니다. 1990년대 중반 이후 지금까지 미국이 기준금리를 인상했던 시기를 돌아보면 원달러 환율은 2022년을 제외하고는 실제로 모두 하락했다. '원달러 환율의 역사 ① 환차익이 났던 시기'에서 언급했듯 금리 인상을 논의하는 과정에서 달러의 가치가 상승하고 원화의 가치가 하락할 여지가 존재하지만, 막상 미국이 기준금리 인상 국면에 접어들면 오히려 원화의 가치가 상승할 수도 있다.

금리 인상기 당시 원달러 환율과 한미 기준금리 격차

구분	기간	미국 기준금리	원달러 환율	기준금리 격차
A	1994년 2월 ~1995년 1월	3% → 6%	808원 → 783.65원	-
B	1999년 6월 ~2000년 5월	4.75% → 6.50%	1,187.2원 → 1,129.45원	0.00%p → -1.50%p
C	2004년 6월 ~2006년 6월	1% → 5.25%	1,160.55원 → 948.7원	2.75%p → -1.00%p
D	2015년 12월 ~2018년 12월	0.25% → 2.50%	1,158.05원 → 1,115.85원	1.25%p → -0.75%p
E	2022년 3월 ~2023년 10월	0.25% → 5.5%	1,206원 → 1,350.90원	1.00%p → -2.00%p

한국이 미국보다 기준금리를 더 많이 올렸기 때문에 그런 움직임이 나타난 것일까? 아니다. 미국이 기준금리를 올렸던 시기를 A~E 5개 구간으로 되짚어보면 한국과의 기준금리 차이는 오히려 마이너스로 하락했음을 알 수 있다. 즉 한국의 기준금리 인상 속도는 미국의 기준금리 인상 속도를 따라가지 못했다. 논리적으로 생각해보면 투자자라면 당연히 한국의 자산을 팔고 미국으로 넘어가는 것이 맞다. 무위험 리스크를 자랑하는 미국채의 매력이 확대되는 상황에서 원화를 고집할 필요는 없다. 그러면 왜 한국의 원화는 강세를 띄게 되었던 걸까?

해답은 물가에 있다. 금리를 볼 때 물가를 같이 고려하면 이

B구간(1999년 6월~2000년 5월) 실질금리 차이

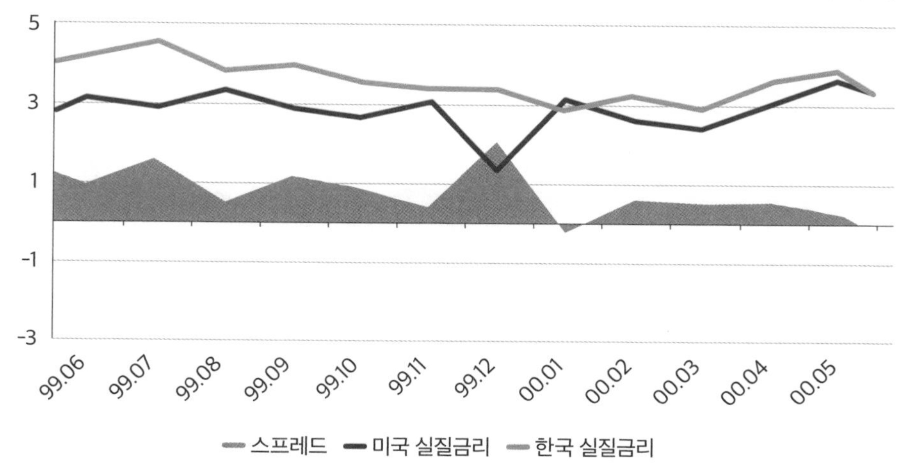

자료: 리피니티브

C구간(2004년 6월~2006년 6월) 실질금리 차이

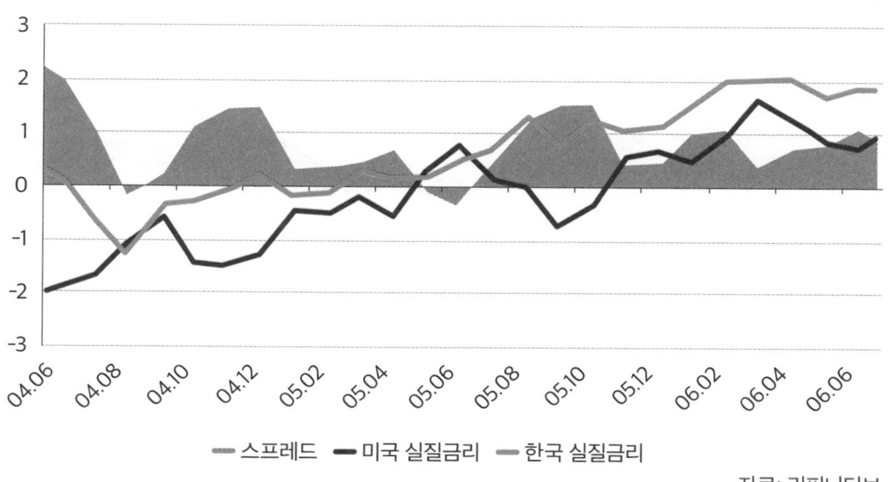

자료: 리피니티브

D구간(2015년 12월~2018년 12월) 실질금리 차이

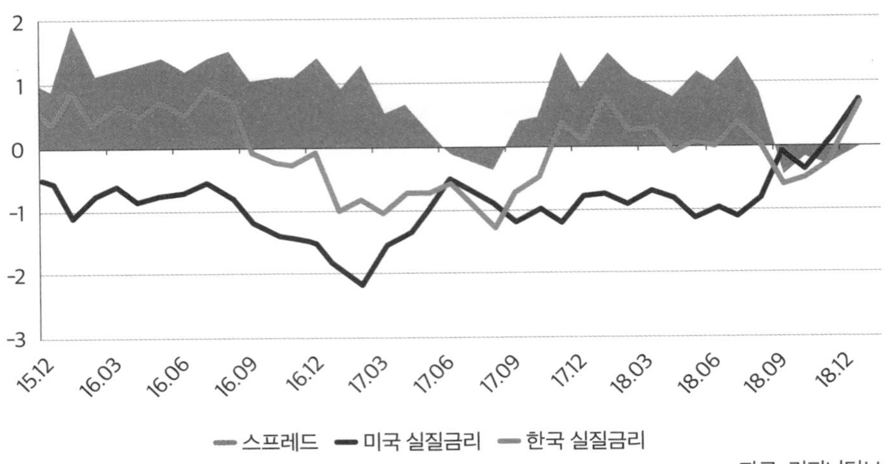

E구간(2022년 3월~2023년 10월) 실질금리 차이

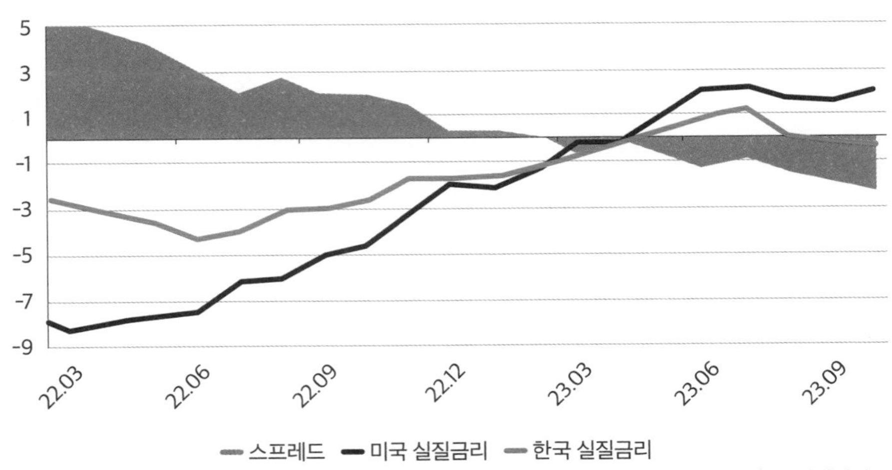

것이 실질금리가 된다. 만약 햄버거 값이 1천 원에서 1,200원이 되었는데 금리가 5%밖에 오르지 않았다면, 금리는 실제 물가를 반영하지 않고 상승했으므로 돈의 가치가 하락했다고 보는 것이 합리적이다. 이를 실질금리라고 부른다. 앞서 언급한 미국의 금리 인상 기간의 실질금리 동향을 보면 이해가 쉬울 것이다. 미국과 한국의 실질금리 차이를 비교했을 때 한국의 실질금리가 높다면, 사실 한국에 돈을 그냥 두는 것이 미국으로 돈을 옮기는 것보다 나은 선택일 수 있다.

물론 신흥국의 금리가 미국보다 높아도 경제가 안정적이지 않으면 무의미하다. 미국은 기본적으로 자국의 리스크를 거의 제로로 인식하기 때문이다. 리스크 대비 수익률의 관점에서 보면 한국의 펀더멘털은 꽤 안정적인 상황이다. 최근 수출 부문 성장률이 저조한 것은 맞지만 원화는 기초 체력이 탄탄해 미국에서 금리를 올려도 대응할 수 있는 통화였다.

금리 외에도 달러 수요가 급증하는 시기가 되면 원달러 환율은 오를 수 있다. 2008년 글로벌 금융위기, 2020년 코로나19 팬데믹, 2022년 러시아-우크라이나 전쟁과 같은 굵직한 이벤트가 대표적이다. 세계 경제에 악재가 터지면 당연히 안전자산인 달러를 찾는 수요가 급증해 달러의 가치는 급등한다. 그런데 이러한 경향은 장기간 지속되지 않는다. 달러의 수요가 중장기적으로 증

글로벌 미국채 보유 현황(2022년 기준)

순위	국가	미국채 보유량	비중
1	일본	1조 760억 달러	14.7%
2	중국	8,670억 달러	11.9%
3	영국	6,550억 달러	8.9%
4	벨기에	3,540억 달러	4.8%
5	룩셈부르크	3,290억 달러	4.5%
6	케이맨 제도	2,840억 달러	3.9%
7	스위스	2,700억 달러	3.7%
8	아일랜드	2,550억 달러	3.5%
9	대만	2,260억 달러	3.1%
10	인도	2,240억 달러	3.1%

자료: 미 재무부

가하는 시기는 미국의 자산, 특히 국채와 주식이 유망할 때 그리고 글로벌 주요국이 이러한 자산을 보유하기 위해 노력할 때다.

그럼 전 세계에서 미국채를 가장 많이 보유한 국가는 어느 나라일까? 미국채 보유량에 따른 달러 수요의 변화로 환율을 어느 정도 읽을 수 있지 않을까? 현재 전 세계에서 미국채를 가장 많이 보유한 국가는 일본이다. 아직 중국이 1등이라고 생각하는 경우가 더러 있는데 2022년 기준 일본이 1조 760억 달러로 가장 높

중·일 미국채 보유량 변화

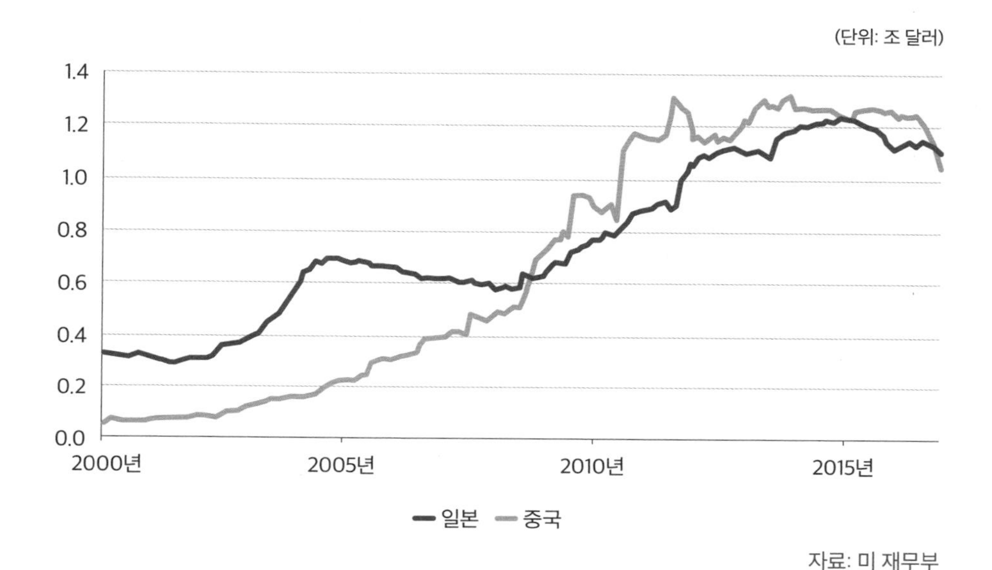

고, 중국은 9천억 달러에도 미치지 못한다.

주요국의 미국채 보유 규모도 중요하지만 이들 국가가 국채 규모를 늘린 시기를 살펴볼 필요가 있다. 특히 중국은 2000년 초부터 2010년 초까지 미국채 보유량을 급격히 늘렸다. 외환보유고 확대 측면도 있지만 미국이 중국의 공산품을 받고 중국은 미국의 달러를 가져오는 일련의 과정이 크게 작용했다. 중국은 대미무역으로 벌어들인 자금으로 미국채를 매입해 기축통화의 가치를 보호하는 충직한 구원투수의 역할을 했다. 2002년 1천억 달러

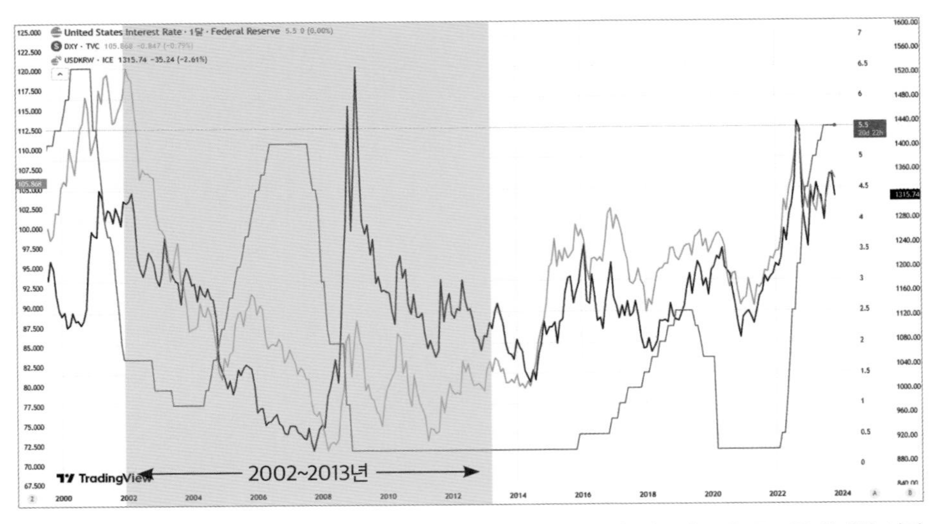

미 기준금리(파란색), DXY(붉은색), 원달러(검은색) 환율 추이. 주요국이 미국채 보유 규모를 확대한 시기(2002~2013년)에 DXY는 오히려 하락했다.

수준에서 시작한 중국의 미국채 보유 규모는 2013년 1조 3천억 달러까지 치솟는다. 일본도 2008년 글로벌 금융위기 이후 매입 속도를 올렸다. 앞서 설명한 일본의 특수한 정치적 지형을 감안하면, 일본이 왜 천문학적인 미국채를 사들였는지 조금은 이해가 될 것이다.

정치적인 문제나 역사적인 문제를 떠나서 중국, 일본 양국이 미국채 매입을 활발히 진행한 시절에 환율은 어땠을까? 주요국의 미국채 매입이 활발했던 2002~2013년을 중점적으로 보면 예상과는 환율의 움직임이 다름을 알 수 있다. DXY는 120p 수준에서 80p를 하회하기도 했고, 원달러 환율도 2002년 초반에는 1,300원 수준이었지만 1천 원을 하회하기도 했다. 원달러 환율을 보면 오히려 원화의 수요가 상승한 꼴이다.

비유하면 장터에 큰 보부상이 들어와 물건을 쓸어갔음에도 가격은 오르지 않고 오히려 떨어진 꼴이다. 그 이유는 무엇일까? 큰 보부상이 온다는 소식에 많은 사람이 장터로 몰려들었다면, 그래서 짚신을 만드는 사람도, 옷을 만드는 사람도, 심지어 국밥을 파는 사람도 이를 예측해 상품을 크게 늘렸다면 가격이 오르지 않을 수 있다. 아마도 중국이라는 큰손에 대비해 연준이 채권과 현금을 대량으로 준비했을 것이고, 중국이 예상보다 다소 미흡하게 대응해 달러가 오르지 않고 오히려 하락하는 흐름이 이어졌을 것이라고 분석해본다.

이처럼 국채 수요와 달러의 흐름을 예상하는 것은 굉장히 어려운 일이다. 이론적으로는 미국채를 매수하려는 수요가 급증하면 달러의 가치가 상승하는 게 맞지만, 실제로 미 연준의 달러 운용 흐름을 보면 달러의 급등을 피하기 위해 미리 준비하고 적절히 대응함을 알 수 있다.

수출입 성과와 환율의 움직임

수출이 타격을 받으면, 원달러 환율이 상승해 매출 하락을
환율이 어느 정도 보완할 것이라 기대할 수 있다.
하지만 그것은 결과론적인 접근이다.

지금까지 달러를 중심으로 원달러 환율을 살펴봤다면 반대로 원화를 중심으로도 살펴볼 필요가 있다. 즉 원화의 가치가 상승할 수 있는 원인을 고려해보고, 반대로 원화의 가치가 하락할 수 있는 리스크에 대해서도 따져봐야 한다. 여러 요인을 감안하면 원달러 환율의 흐름을 보다 체계적으로 분석하는 데 도움이 될 것이다. 추가로 실생활에 직접적으로 영향을 미치는 구매력도 염두에 둘 필요가 있다.

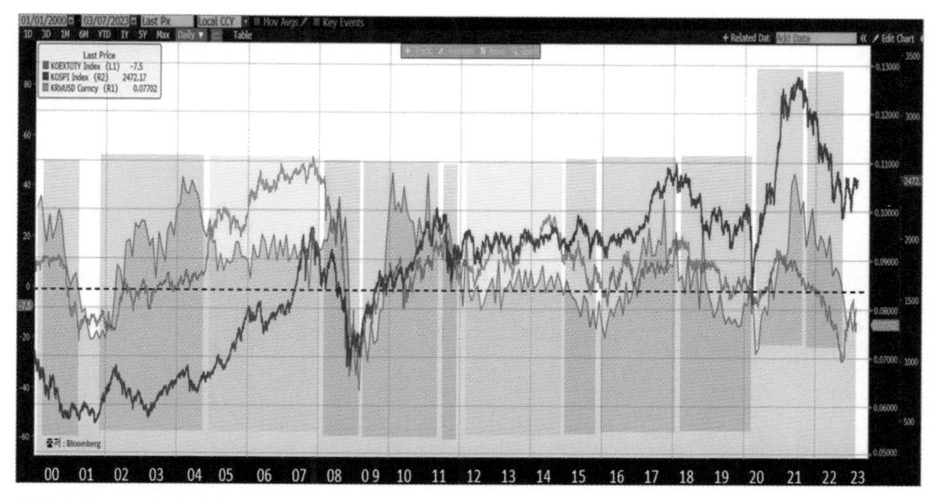

한국 수출(회색)과 달러원(붉은색) 환율, 코스피(파란색) 추이. 붉은색 박스는 수출이 하락하는 구간, 녹색 박스는 수출이 확대되는 구간, 노란색 박스는 수출 변화가 없는 구간이다. 코스피는 원화가 강세를 보이면 상승하거나 보합을 유지한다.

자료: 블룸버그

일반적으로 환율이 상승하면, 즉 원화의 가치가 하락하면 수출 경쟁력이 높아지고 수출에 전반적으로 도움을 준다고 알려져 있다. 반대로 환율이 하락하면 수출 경쟁력보다는 수입에 유리한 상황이 조성된다고 본다. 과거 경제 흐름을 볼 때 많은 구간에서 발견된 현상이며 앞으로도 유사한 경우를 자주 볼 수 있을 것이다. 하지만 환율과 수출입의 상호 영향은 그리 간단한 관계가 아니다.

투자 관점에서 바라보면 오히려 환율이 수출입에 따라 좌우

환율이 경제에 미치는 영향

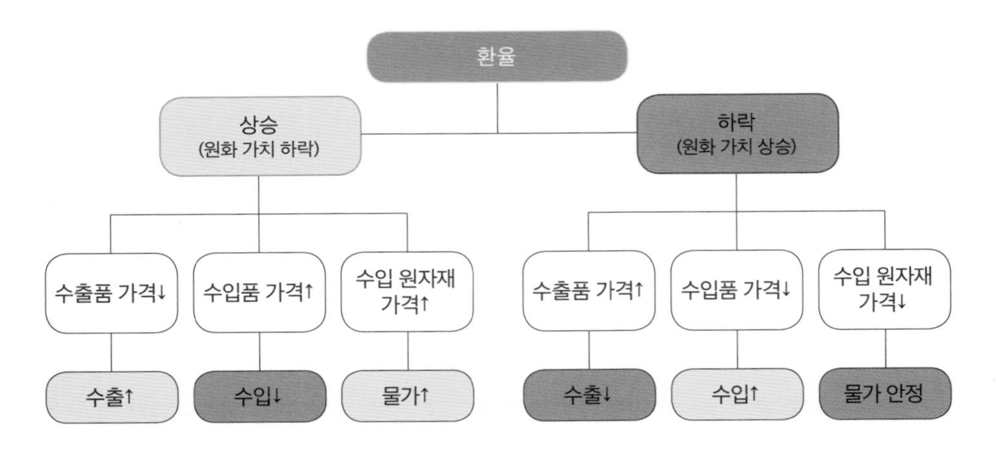

된다고 볼 수 있다. 수출이 하락하면 원화는 달러 대비 약세를 보이고 주가도 하락하는 반면, 수출이 확대되면 원화는 강세 기조를 보이고 주가도 상승한다(참고로 앞쪽 예시 차트의 환율은 달러 기준 원화 환율이 아닌 원화 기준 달러 환율이다). 수출이 한국 GDP에 미치는 영향은 실로 지대하기 때문에 이유야 어찌되었든 수출에 문제가 생기면 한국의 펀더멘털에도 부정적인 영향을 미치게 된다. 이것이 환율에 고스란히 반영되어 원화는 약세를 띨 가능성이 높아진다. 특히 우리나라처럼 일부 주요 품목이 전체 수출 규모에서 차지하는 비중이 높은 나라는 관세 문제와 같은 글로벌 이벤트에 따라 흔들리기 쉽다.

한국무역협회가 발간한 '2022년 상반기 수출입 평가 및 하반

15대 주력 품목 수출 동향(2021년 기준)

품목	금액(억 달러)	증가율	비중
반도체	1,280	29.0%	19.9%
석유화학	551	54.8%	8.5%
철강	364	36.9%	5.6%
일반기계	530	10.8%	8.2%
자동차	465	24.2%	7.2%
석유제품	381	57.7%	5.9%
자동차 부품	228	22.2%	3.5%
평판디스플레이	214	18.9%	3.3%
무선통신기기	162	22.8%	2.5%
바이오헬스	163	16.8%	2.5%
컴퓨터	168	25.3%	2.6%
선박	230	16.4%	3.6%
섬유류	128	14.0%	2.0%
이차전지	87	15.5%	1.3%
가전	87	24.0%	1.3%
15대 품목	5,036	28.0%	100.0%

기 전망'에 따르면 상위 15대 수출품목 중 반도체(19.9%), 석유화학과 석유제품(14.4%), 일반기계(8.2%), 자동차(7.2%), 철강(5.6%)

여기서 잠깐!

화이트리스트란?

2019년 일본 경제산업성은 반도체 및 디스플레이의 핵심 소재의 수출을 제한하기로 발표하고 한국을 '수출관리 우대 대상국(화이트리스트)'에서 제외했다. 반도체는 대일 무역수지에 있어서 큰 부분을 차지하는 급소로, 일본은 반도체 소재 3대 품목(포토레지스트, 플루오린 폴리이미드, 불화수소)에 대한 수출을 규제함으로써 무역 분쟁을 야기한다. 이후 일본은 한일 관계가 회복된 2023년 7월에 이르러서야 한국을 화이트리스트에 복원했다.

이 절반 이상의 비중을 차지하고 있다. 2~3년 전과 비교하면 반도체의 비중이 크게 축소되었지만 여전히 몇 가지 주요 품목에 의존하고 있는 모습이다. 2019년 일본 '화이트리스트' 파문에 우리 정부가 왜 그렇게 민감하게 대응했는지, 기술 유출이 우려되는 상황에서도 왜 중국과 미국 현지에 자동차 공장과 반도체 공장을 짓고 있는지 알 수 있는 대목이다.

앞서 일반적으로 환율이 오르면 수출에 유리하고, 수입에는 불리하다고 언급한 바 있다. 실제로 수출이 타격을 받으면, 원달러 환율이 상승해 매출 하락을 환율이 어느 정도 보완할 것이라 기대할 수 있다. 하지만 그것은 결과론적인 접근이다. 원달러 환

산업별 수출 증가 효과(실질실효환율 1% 하락 시)

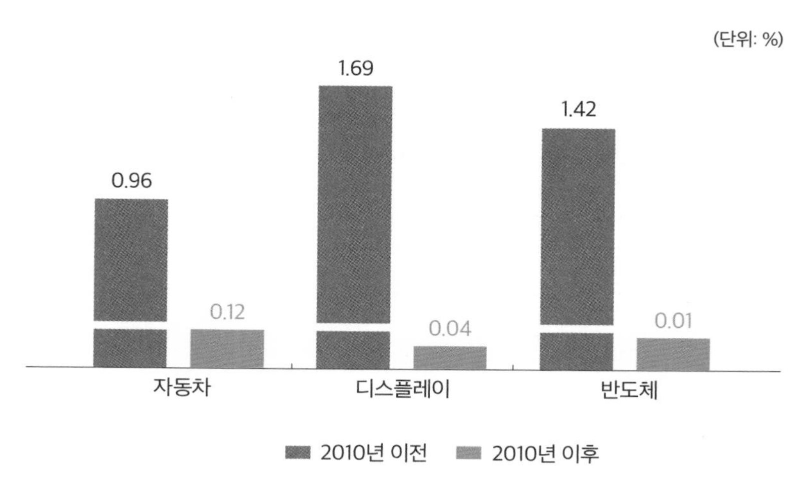

자료: 산업연구원

율이 일정 이상 오르면 외국인 투자자는 이상 징후를 느끼고 투자금을 회수할 것이고, 이로 인해 환율이 급등하면 해외 바이어로 하여금 거래를 꺼리게 만드는 요인으로 작용할 수 있다. 단기적인 환율의 상승, 즉 원화 가치의 하락은 매출 하락을 보완하는 요소로 작용할 수 있지만 장기적으로는 결코 좋은 길일 수 없다.

산업연구원은 '원화 환율의 수출 영향 감소와 시사점' 보고서를 통해 원달러 환율이 오르면 수출 경쟁력이 커진다는 오랜 통념이 10여 년 전부터 크게 약화되었다는 연구 결과를 발표한 바 있다. 2010년 이전에는 실질실효환율이 1% 하락하면 주요 산업

수출이 0.71% 늘었으나, 2010년 이후에는 0.55% 증가하는 데 그쳤다는 것이다. 보고서는 우리의 수출 구조가 기술집약적 산업군으로 바뀐 데 따른 변화라고 분석했다. 경제 환경과 수출 구조가 변화함에 따라 환율 흐름을 분석하는 데 있어서도 더욱 다양한 요소를 고려하고 폭넓은 시야를 가질 필요가 있다.

유동성과 환율의 상관관계

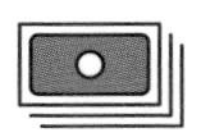

국내 주식 시장에서 외국인 자금이 차지하는 비중은 1/3 수준이지만,
외국인 자금이 몰리는 종목은 한정되어 있기 때문에
영향력은 매우 크게 느껴진다.

보통 주식 시장을 예상할 때 외국인 자금 유출입을 언급하곤 한다. 국내 주식 시장에서 외국인 자금이 차지하는 비중은 1/3 수준이지만, 외국인 자금이 몰리는 종목은 한정되어 있기 때문에 영향력은 매우 크게 느껴진다. 삼성전자는 코스피 내에서 20%의 비중을 차지하고 있고, 외국인 투자자의 비중이 50%를 넘나들기 때문에 영향력 면에서 절대적인 지위를 갖고 있다. 결국 외국인 자금은 삼성전자와 SK하이닉스를 통해 한국 증시에 영향을 미친

외국인 자금 유출입과 국내 주식 시장 추이

연도	코스피 상승률 (%)	연초 대비 환율 변화 및 강약세(%)		외국인 순매수 규모 (십억 원)	삼성전자 외인 비율 변화 (연초 대비 %p)	SK하이닉스 외인 비율 변화 (연초 대비 %p)	비고
2010년	21.9	-1.73%	강보합	49.4	2.4	-9.5	1차 양적완화, 달러 약세
2011년	-11	2.25%	약세	1,386.9	-0.1	1.9	2차 양적완화, 오퍼레이션 트위스트
2012년	9.4	-7.37%	강세	1,651.4	-0.2	-2.0	3차 양적완화, 오퍼레이션 트위스트
2013년	0.7	-0.76%	강보합	1,783.7	-0.5	18.0	테이퍼링
2014년	-4.8	4.67%	약세	1,774.5	2.2	6.0	테이퍼링, 달러 강세
2015년	2.4	6.25%	약세	76.0	-2.0	-2.5	금리 인상
2016년	3.3	1.68%	약보합	960.7	1.0	4.6	금리 인상
2017년	21.8	-11.38%	강세	-963.0	2.1	-3.3	금리 인상, 달러 약세, 이머징국가 투자 확대
2018년	-17.3	5.14%	약세	1,065.2	3.3	0.7	금리 인상
2019년	7.7	3.34%	약세	99.0	0.2	0.3	보험성 금리 인하
2020년	30.8	-6.56%	강세	-6,087.6	-1.5	-1.0	코로나19 팬데믹, 달러 약세
2021년	3.6	9.30%	약세	-5,269.8	-3.1	-1.0	제로금리
2022년	-24.9	6.10%	약세	2,526.1	-2.5	0.0	금리 인상, 달러 강세

*** 연말 기준**

다고 볼 수 있다. 특히 케이맨 제도의 자금 유출입은 헤지펀드의 것일 가능성이 높아 단기 투자의 성격도 보인다.

문제는 외국인 자금의 파급력을 고려할 때 국내 외환 시장의 특성상 자금이 밀물과 썰물처럼 느껴질 수 있다는 것이다. 특히 외국인 자금과 같은 유동성은 센티멘트와 원달러 환율에 영향을 미치기도 하지만 오히려 영향을 받기도 하면서 파급력을 키울 수 있다. 장기적인 관점에서 환율의 방향성에 영향을 미치는 것은 해당 국가의 펀더멘털이지만, 단기적으로 고수익을 위해 장세 변화에 따라 신속하게 움직이는 '스마트머니'와 같은 유동성도 무시할 수 없는 것이다.

여기서 잠깐!

센티멘트란?

센티멘트(Sentiment)란 본래는 감정, 정서를 뜻하는 말로 투자 심리를 설명할 때 사용된다. 주식 시장은 이성적인 것 같지만 시장 참여자의 불안정한 심리가 주가와 지수에 반영되기 마련이다. 시장 참여자의 센티멘트에 따라 시장 분위기가 완전히 달라지기도 한다.

센티멘트를 나타내는 대표적인 지수로는 CNN에서 발표하는 '공포탐욕지수(Fear & Greed Index)'가 있다. 해당 지수는 주식 시장, 채권 시장 등의 지표를 바탕으로 현재 시장 참여자들의 심리가 '극단의 공포' '공포' '중립'

'탐욕' '극단의 탐욕' 중 어디에 있는지 보여준다. 실제 투자자 입장에서 유용하게 쓰이는 지표 중 하나다.

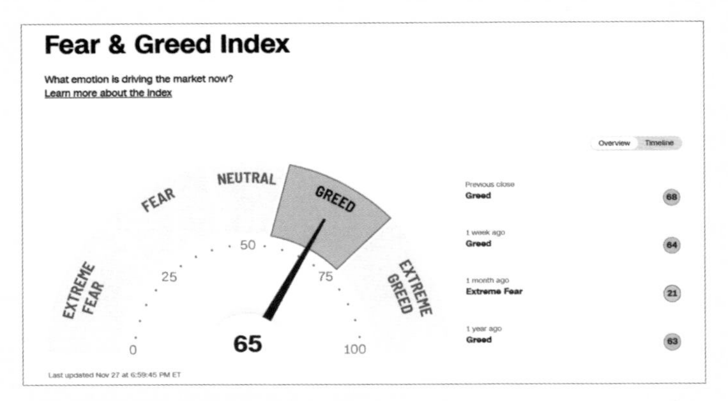

2023년 11월 27일 기준 공포탐욕지수

공포탐욕지수에 대해 좀 더 자세히 알아보자. 해당 지표의 바늘이 왼쪽(Fear)에 가까울수록 시장이 공포에 빠졌다는 뜻이고, 오른쪽(Greed)에 가까울수록 시장이 많이 올라 탐욕에 빠져 있다는 뜻이다. 일반적으로 공포탐욕지수가 30 이하라면 시장에 어느 정도 공포가 반영되었다는 신호에 해당하며, 60 이상이라면 시장에 탐욕이 꽤 반영되어 있으니 주의하라는 신호에 해당한다.

예를 들어 외국인 입장에서 원달러 환율이 약세 또는 보합의 기조를 나타내는 시기에는 한국의 투자 매력도가 상대적으로 떨어지기 때문에 삼성전자의 외국인 지분 또는 매수 규모가 축소(마이너스)되거나 변동이 적은 경향이 있다. 반대로 원화가 강세를 보이면 외국인 입장에서 한국 기업에 접근하기가 용이하기 때문에 외국인 지분 또는 매수 규모가 확대될 가능성이 높다. 그리고 이는 원달러 환율에 추가적인 영향을 줄 수 있다.

이 밖에 외환 시장 분위기와 무관하게 특정 산업에 돈이 몰리는 이례적인 경우도 있다. 실제로 외인이 전반적으로 한국을 떠나는 분위기였던 2017년, 반도체 산업에 자금이 쏠리면서 삼성전자와 같은 해당 산업의 주요 기업이 상승세를 탔고 원달러 환율은 강세를 보였다. 물론 단기적이라고는 해도 외국인 수급에 따른 유동성만으로 원달러 환율을 예측할 수는 없다. 매크로 변수가 있기 때문이다.

대외 변수가 강하게 작용할 경우 평소와 다른 움직임을 보일 수 있다. 대표적으로 2013년 테이퍼링 이후 달러 강세, 원화 약세의 기조를 보인 2014년, 삼성전자와 SK하이닉스의 외국인 지분이 확대된 바 있다.

주식 투자를 하다 보면 주요 기업의 외국인 지분과 동향 등을 감안해 시장을 해석하는 일이 합리적이라고 여겨질 때가 많다. 하지만 환율까지 외인의 수급을 살펴 예상하고 분석하는 것은 한계가 있어 보인다. 관계가 없다고 볼 수는 없으나 그보다는 앞서 언급한 것처럼 기본에 충실할 필요가 있다. 매크로 기반으로 미 연준의 통화 정책, 글로벌 경제 환경을 적극적으로 참고하는 것이 중장기적으로 더 설득력 있는 방법이라 본다.

여기서 잠깐!

테이퍼링이란?

테이퍼링(Tapering)이란 미 연준이 양적완화 규모를 점진적으로 축소해 나가는 것을 뜻한다. 2013년 5월 22일 벤 버냉키 의장이 청문회에 나와 처음으로 언급하면서 알려진 용어다. 여기서 테이퍼(Taper)는 한쪽은 굵고 다른 쪽으로 갈수록 조금씩 가늘어지는 원뿔 형태를 의미한다. 테이퍼링이 시행되면 연준은 시중에 풀린 달러를 회수하기 위해 채권 매입을 축소한다. 통화량이 감소하면 달러의 가치는 자연스럽게 상승하고, 증시는 단기적으로 급락할 수 있다. 테이퍼링으로 글로벌 시장의 자금이 미국으로 회수되면 신흥국은 투자자금의 급격한 유출로 통화 가치가 급락하면서 위기를 겪을 수 있다.

달러 가치 하락의 위협

중국은 2018년에 상하이국제에너지거래소를 개장했고,
위안화를 기축통화로 격상시키기 위한
발판을 만들어놓았다.

2022년 12월 중국 시진핑 주석은 사우디아라비아를 전격적으로 방문했다. 바이든 대통령이 다자 외교를 통해 중국을 압박하는 가운데, 미국과 소원해진 사우디아라비아에 전략적으로 접근한 것이다. 2018~2019년 미·중 무역전쟁을 통해 알 수 있듯이 다른 주요국과 달리 중국은 무릎을 꿇지 않고 미국에 반기를 들고 있다. 겉으로는 빈 살만 왕세자가 대외정책 다변화 전략을 성취한 것으로 보이지만 속내는 달랐다고 본다. 보는 관점에 따라 실속은 중국이 얻은 것으로 보인다.

중국이 내민 굵직한 선물 보따리는 화웨이를 동원한 5G 인프라 구축과 기업 클라우드 서비스 제공, 30만 채의 주택 건설, 전기차 10만 대 규모의 공장 건설 MOU 등이었다. 이에 대한 대가로 중국은 군사적 협력을 꾀했고, 무엇보다 무역에 있어 위안화 사용에 첫 발을 떼면서 훨씬 의미 있는 성과를 챙겼다고 생각한다. 다음은 〈세계일보〉 2023년 5월 25일 기사다.

홍콩 사우스차이나모닝포스트(SCMP)에 따르면 레바논 정보업체 '택티컬 리포트'는 사우디군수산업(SAMI)이 중국 최대 방위산업체 중국병기공업집단과 정찰 무인기부터 대공 방어 시스템에 이르는 다양한 종류의 무기 구매에 대해 논의하고 있다고 전했다. (…) 중국 군사전문가 쑹중핑(宋忠平)은 "중국은 첨단 무기 장비를 우호 국가들에 정치적 조건 없이 판매할 의향이 있으며 그것이 중동 국가들의 관심을 끄는 주요한 요인"이라며 "무기 거래를 위안화로 결제하는 것은 미국이 달러를 억지와 제한의 도구로 사용하지 못하게 해 미국 달러의 영향을 제거하는 데 도움이 된다."고 말했다.

이미 사우디아라비아는 1980년대부터 이란과 이스라엘을 의식해 중국으로부터 무기를 수급했기 때문에 새삼스러운 이벤트는 아니라고 볼 수 있지만 미국의 입장은 다를 수 있다. 나름 한때 '우호국'이었던 나라의 영공을 '우려국'이 지켜주는 상황이 유쾌할 수만은 없다.

양국의 에너지 무역에 대한 협의는 군사적 협력에 비하면 상황이 더욱 심각하다. 중국은 전체 원유 구매의 약 20%를 사우디아라비아로부터 수입하는데, 달러가 아닌 위안화를 이용해 거래할 움직임을 보이고 있다. 〈파이낸셜타임스〉는 사우디아라비아 고위 소식통을 인용한 '걸프 아랍 국가들, 시 주석이 리야드 방문하면서 중국에 가까워져(Gulf Arab states draw closer to China as Xi visits Riyadh)'라는 기사를 통해 위안화 거래에 이슈가 없음을 확인한 바 있다.

여기서 잠깐!

에너지 자립에 도전하는 중국

중국은 원유의 대부분을 중동에서 수입한다. 셰일오일 매장량만 보면 미국보다 많다는 통계가 존재하지만, 물 부족 국가이다 보니 수압파쇄법을 적용하기 어렵다. 현실적으로 에너지 자립에 도전하기 어려운 여건이라는 뜻이다. 중국은 제조업으로 벌어들인 달러로 미국의 국채를 성실히 사는 한편, 중동에서도 꾸준히 원유를 구입하며 좋은 바이어가 되었다. 중국은 에너지 자립을 갈구하고 있지만 직면한 문제가 만만치 않아 보인다. 가장 큰 문제는 원유 수입 과정에 있다. 중국은 원유의 80%를 호르무즈 해협을 거쳐 말라카 해협으로 들여오는데, 전통적으로 미국이 '경찰' 역할을 자처하며 통제하던 항로가 다수 포함되어 있기 때문이다. <아시아타임즈>는 칼럼을 통해 미국의 셰일 혁명과 글로벌 경찰 역할의 축소에 따른 리스크를 중국이 당면한 문제로 꼽았다. 중국 입장에서는 해상 전력이 상대적으로 미약함에도 미국의 역할을 대신해야만 하는 상황에 내몰린 것이다.

더 큰 문제는 만약 미국이 (그럴 리는 없겠지만) 이 항로를 무력으로 장악하는 경우다. 가능성은 높아 보이지 않지만 중국의 대만 침공 시나리오를 놓고 보면 또 확률이 아예 없는 것은 아니다. 전력상 해전에서 중국은 미국에 백전백패인 상황이다. 결과적으로 중국의 주요 수입로가 해상인 이상 에너지 자립은 구조적으로 불가능하다.

어쩌면 중국은 에너지 자립을 목표로 신재생에너지라는 탈출구를 모색하고 있는지 모른다. 급속한 산업화로 매연을 내뿜고 있는 중국이 환경을 생각한다니 앞뒤가 맞지 않아 보이지만 가능성이 전혀 없는 것은 아니다. 2014년 아시아태평양경제협력체(APEC) 정상회의가 베이징에서 열릴 당시 그곳에 출장을 간 적이 있다. 높고 청명한 베이징의 하늘이 선명하게 떠오른다. 중국은 정상회의를 앞두고 베이징시와 주변 허베이성의 공장까지 가동을 중지시켰고, 그 결과 빈번한 매연과 스모그를 없애고 푸른 하늘을 연출했다. 이런 단기적인 조치야 물론 가능하겠지만 중국이 난데없이 환경을 고려해 신재생에너지에 관심을 기울인다고 하니 다소 아이러니하다.

한쪽에서는 매연을 내뿜고, 다른 한쪽에서는 환경 보존을 외치고 있는 걸까? 설마 그럴 리가 있을까. 최근 중국이 신재생에너지 생산에 집중하는 이유는 인류의 무구한 역사의 보존과 환경을 생각한 결과가 아닌, 에너지 자립을 추구하는 과정에서 나타난 '누이 좋고 매부 좋은' 명분에 지나지 않는다. 의도가 따로 있다고 해서 중국의 이런 행보를 무시할 수는 없다. 석유에서 신재생에너지로 경쟁의 지형이 바뀌면 지금의 기축통화를 떠받치는 기둥도 변하기 때문이다.

핵심 광물 생산 및 가공 1위 국가(2022년 기준)

구분	생산		가공	
리튬	호주	47%	중국	65%
코발트	콩고 민주공화국	74%	중국	76%
니켈	인도네시아	49%	인도네시아	43%
희토류	중국	68%	중국	90%
흑연	중국	70%	중국	100%

자료: 니혼게이자이신문

과정이 어찌되었든 중국은 오래전부터 신재생에너지에 필요한 광물의 가공에 많은 투자를 이어오고 있다. 페트로달러 시대가 끝나면, 그다음 시대에 위안화를 포함시키기 위해 체계적으로 준비하는 것으로 보인다. 그 결과 리튬, 니켈, 희토류 등 가공 비중만 놓고 보면 가성비와 효율성 측면에서 따라올 국가가 없는 상황이다. 미국이 IRA 법안을 낼 때 우려국으로부터 제공받거나 가공한 원재료를 쓰지 못하게 한 이유가 여기에 있다.

중국은 2018년에 상하이국제에너지거래소를 개장했고, 위안화를 기축통화로 격상시키기 위한 발판을 만들어놓았다. 위안화가 널리 쓰이기 위해서는 페트로달러 시스템과 비슷한 구조를 구축해야 하는데, 러시아-우크라이나 전쟁으로 미국과 사우디아라비아 사이에서 갈등이 포착되자 이를 기회로 삼은 것으로 보인다. 시진핑 주석은 빈 살만 왕세자와의 정상회담 후 걸프협력회의(GCC)에 참석해 위안화 결제를 기반으로 한 원유 수입 확대를 표명했다. 걸프만 국가들이 이 새바람을 어떻게 평가할진 모르지만, 미국과의 관계에 깊은 피로감을 느끼고 있는 것은 분명해 보인다. 또 선물을 싸들고 찾아온 '빅 바이어' 중국의 호의를 굳이 거절할 필요도 없을 것이다.

중동에서만 위안화 사용의 움직임이 일어나고 있는 것은 아니다. 〈파이낸셜타임스〉에 따르면 러시아-우크라이나 전쟁을 계기로 위안화는 글로벌 무역 거래에서 일본 엔을 앞서 유로를 추격하고 있다. 미국과 중동의 갈등이 격화되었기 때문이라고 해석할 수도 있지만, 중국이 2012년부터 위안화를 기축통화로 만들기 위해 공을 들였기 때문이라는 견해도 설득력이 있어 보인다.

브라질 룰라 대통령은 2023년 4월 상하이 신개발은행(NDB) 연설에서 "브릭스의 은행들은 왜 중국 등 다른 국가와의 무역에서 달러가 아닌 통화를 활용할 수 없는지 의문"이라는 의미심장

위안, 유로, 엔 글로벌 무역 비중 추이

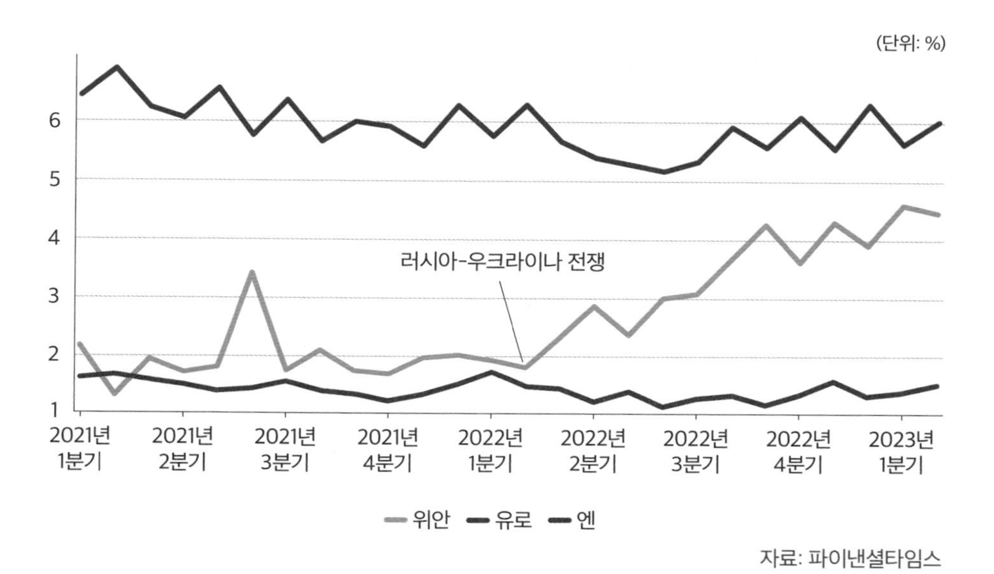

자료: 파이낸셜타임스

한 말을 남겼다. 그는 "금본위제가 막을 내린 이후 무역에서 달러만 사용하도록 결정한 사람은 누구였는가?"라고 강조했다. 무역에서 자국 통화를 쓰지 못하는 회의감과 달러의 패권을 강력히 비판한 것이다. 사실 신흥국 입장에서 보면 친절하게 판촉 홍보에 열을 올리고 있는, 거기에 아직 가치가 그리 높지 않은 위안화가 굉장히 매력적으로 보일 것이다. 2022~2023년 급격한 금리 인상으로 달러의 조달 비용이 치솟은 상황에서, 위안화는 그 지위를 확대하기 위해 분주히 움직이고 있다.

1957~2018년 미국 석유 순수입

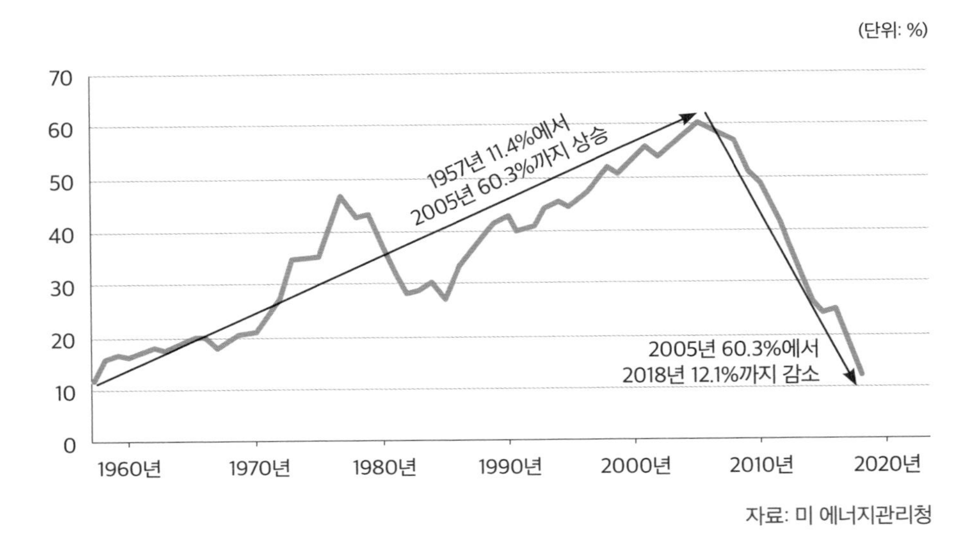

자료: 미 에너지관리청

셰일 혁명 이후 미국의 석유 순수입은 해마다 큰 폭으로 감소하고 있다. 국제 에너지 시장의 '큰손'이었던 미국이 자국에서 생산한 원유를 소비하느라 '조막손'이 되어 가고 있는 것이다. 그런 미국이 지위를 유지하기 위해 값비싼 통행료를 요구하는데 가만히 있을 국가가 어디 있겠는가? 골목길을 가로막은 미국과 달러를 동네 불량배로 여길 수도 있다. 하지만 동네 불량배로 보인다 해도 미국은 여전히 매우 전략적이고 공격적이다.

미국이 석유 수입량을 줄인다 하더라도 경쟁자들이 달러의 지위를 쉽게 넘볼 수 없는 이유는 따로 있다. 바로 기술 패권이다. 에너지 패권에서는 셰일 혁명을 계기로 한 발 물러섰다고 볼 수 있지만, 기술 패권에서만큼은 세상을 덮고 남을 만큼 강력하다고 본다. 페트로달러 시대의 종말을 예측하는 전문가도 있지만 기술 패권을 계기로 달러 시대가 공고히 이어진다는 주장에 좀 더 힘을 싣고 싶다.

바이든 대통령은 트럼프 대통령이 고수하던 '일대일 외교'를 접고 '다자 외교'를 복원했다. 미국, 일본, 인도, 호주 4개국의 협의체 '쿼드'를 정상급 회담으로 격상해 외교와 안보 분야를 넘어 중국에 맞서고 있다. 특히 반도체를 포함한 주요 기술 관련 공급망과 사이버 안보 등을 논의해 중국을 포위할 수 있는 광범위한 네트워크를 구축했다. 이미 2021년 9월 대면으로 정상회담을 추진한 바 있다. 다음으로 호주와 영국이 참여하는 '오커스'를 출범했다. 핵 추진 잠수함 기술을 호주에 이전하고 인공지능, 양자 기술, 해저 탐사 능력 등을 공유하는 네트워크를 구축해 물리적으로도 중국을 압박하고 있다.

러시아-우크라이나 전쟁이 발발하면서 러시아를 비롯해 러시아를 지원하던 중국까지 함께 제재할 수 있는 명분이 마련되었다. 이 좋은 명분을 놓치지 않고 등장한 것이 바로 '칩4(Chip4)' 동맹이다. 2022년 8월부터 시작된 거대 담론은 중국으로 하여금 미래 산업의 '쌀'인 반도체의 고도화를 원천적으로 제한하는 계기가

반도체 공급망 동맹 '칩4'

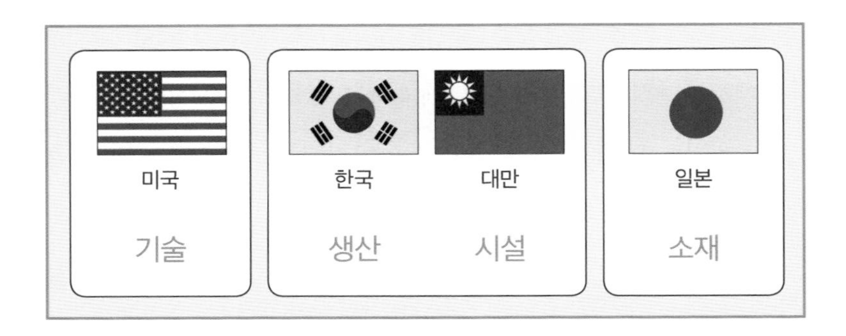

되고 있다. 큰 틀에서 주요 골자는 이렇다. 반도체 원천 기술 및 설계 기술을 보유하고 있는 미국, 생산에 강점이 있는 한국과 대만, 원재료 및 소재 생산에 강점이 있는 일본이 손을 잡고 협업하는 것이다.

미국은 이미 2022년 10월 반도체 제조 장비의 중국 수출을 대놓고 저지한 바 있다. 규제 이전만 해도 중국은 세계적인 규모의 반도체 공장 설립을 주도했고, 글로벌 주요 반도체 장비 기업들의 최대 수출 시장이었다. 중국이 사우디아라비아를 방문한 이유는 궁지에 몰린 상황에서 정치적, 외교적으로 활로를 찾고자 하는 노력의 일환이었다고 본다. 미국이 칩4를 구성한 이유는 반도체 지원법을 활용해 동맹국의 중국 진출 혹은 중국과의 협력을 끊어낼 요량이었다고 본다. 반도체는 내구재에 반드시 필요한 제

여기서 잠깐!

반도체 지원법이란?

2022년 7월 27일 미국 상원이, 하루 뒤인 7월 28일 미국 하원이 본회의에서 법안을 통과시켰고, 이어 8월 9일 바이든 대통령이 서명했다. 미국 내 반도체 시설 건립 보조금 390억 달러, 연구 및 노동력 개발 110억 달러, 국방 관련 반도체 칩 제조 20억 달러 등 반도체 산업에 직접적으로 약 520억 달러가 지원된다. 미국에 반도체 공장을 신규 증설하는 기업에 10년간 약 780억 달러 상당의 보조금 및 세액공제 혜택을 제공한다. 단 우려국에 대해 향후 10년간 투자가 금지된다.

품이다. 특히 무기와 국방, 항공 제품에는 빼놓을 수 없는 재료다.

중국의 상황은 좋지 않다. 중국은 '반도체 굴기'를 선언하고 2025년까지 반도체 자급률을 70%로 끌어올리겠다는 목표를 제시한 바 있다. 목표 달성을 위해 2014년 1기, 2019년 2기 등 총 3,430억 위안의 기금을 조성해 적극 추진했다. 여기서 자급률은 중국 반도체 시장에서 중국 내 생산 제품이 차지하는 비중을 뜻한다. IC인사이츠에 따르면 2021년 기준 중국의 반도체 자급률은 16.7%에 불과했다. 2010년 10.2%, 2015년 14.9%에서 다소 상승하긴 했지만 2025년 70%의 목표를 달성하는 것은 어려움이 있어 보인다.

중국 반도체 자급률

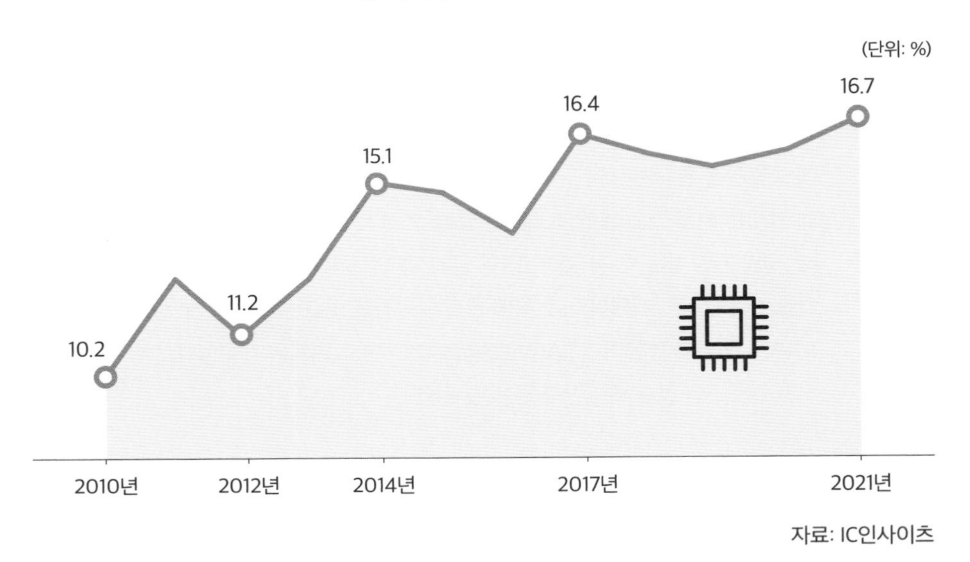

자료: IC인사이츠

제품의 고도화를 위해서는 반도체 산업도 함께 발전해야 한다. 만약 중국 내 대부분의 반도체 생산을 담당하는 삼성전자와 SK하이닉스가 칩4 동맹을 계기로 중국에서 사실상 철수한다면, 중국의 모든 산업은 전방위적으로 타격을 입을 수밖에 없다. 반도체가 없으면 중국의 국방력도 약화될 것이다. 무기의 고도화를 이룰 수 없기 때문에 근본적으로 미국과 맞설 수 없게 된다. 기축통화의 권력이 경제가 아니라 군사력에서 나온다는 주장의 관점에서 보면, 미국의 최근 행보는 전략적인 부분에서 점수를 꽤 줄 만하다.

문제는 한국이다. 2022년 12월 산업통상자원부 장관은 칩4 동맹에 대해 "참여하더라도 우리 이해를 충분히 반영해나갈 생각"이라고 조심스럽게 입장을 밝혔다. 해당 이슈는 아직 진행 중인 사안이다. 한국은 칩4 동맹 참여 여부를 두고 결정을 내리기까지 유예 기간을 받은 상황이지만, 일정 시점이 되면 분명 어떠한 '선택'이든 해야 할 것이다. 당장 중국과 등을 지면 한국의 펀더멘털에 큰 위협이 될 것은 분명하다. 반도체 수출에 타격이 있을 가능성이 높다. 홍콩을 포함하면 중국은 한국 반도체 매출의 60%를 담당한다. 단번에 0이 되지는 않겠지만 전망은 부정적일 것이다.

환율의 관점에서 결론을 정리해보자. 셰일 혁명으로 에너지 자립을 이루면서 중동에 대한 미국의 영향력이 이전보다 약해진 것은 분명하다. 매수가 줄어들었으니 그만큼 달러의 수요는 낮아질 수밖에 없다. 그 사이를 중국이 비집고 들어가 위안화의 지위를 어떻게든 높이려고 노력하고 있다. 하지만 아직 시기상조다. 미국이 현재 추구하는 기술 패권에 대한 광폭 행보는 장기적으로 미국의 지위를 더욱 공고히 만드는 역할을 할 것이다. 미국의 펀더멘털을 제고하는 강력한 신호로 볼 수 있다. 지금처럼 미래 성장 동력의 패권을 유지한다면 달러는 장기적으로 강세 기조를 보일 것이다.

한국의 원화는 당장 대중국 수출 리스크로 위협을 받을 수 있다. 그렇다면 펀더멘털이 약화되면서 원화도 약세 기조를 탈 여지가 높다. 미국의 지원이 있겠지만 중국의 수요 감소를 대체하기에는 턱없이 부족할 것이다. 결국 달러는 지위를 지키겠지만 단기적으로 원달러 환율은 상승(원화 약세)할 여지도 있지 않나 조심스레 예상해본다.

한 걸음 더

햄버거와 커피로 환율을 예측하다

앞서 금리와 인플레이션 그리고 국가별 펀더멘털을 고려하면 환율의 움직임을 예상할 수 있다고 언급한 바 있다. 환율을 살펴볼 수 있는 보다 쉽고 직관적인 방법이 있다. 영국 〈이코노미스트〉는 1986년 이래 매년 전 세계 각국의 '빅맥' 햄버거 가격을 분석해 1년에 2번 발표한다. 바로 이 '빅맥지수'를 통해 환율의 움직임을 알 수 있다.

한때 워런 버핏의 아침식사로 알려져 유명해진 이 맥도날드

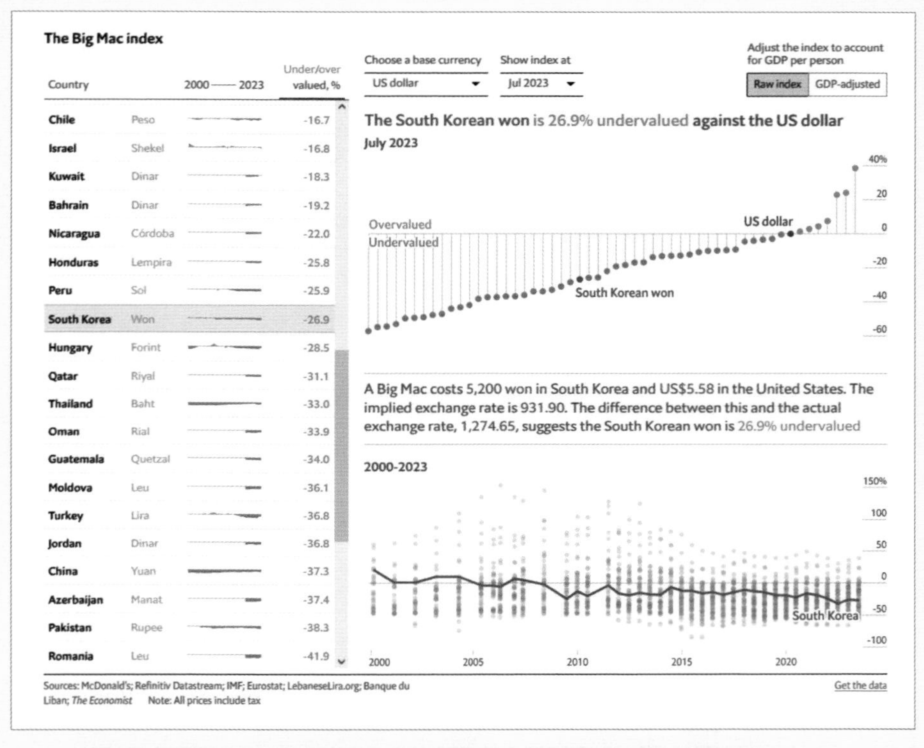

빅맥지수 화면. 전 세계 맥도날드 매장에서 팔리는 빅맥 가격을 달러로 환산한 지수다.

햄버거는 전 세계에서 동일물(同一物)로 판매되고 있다고 해도 과언은 아닐 것이다. 워런 버핏이 정말로 아침마다 맥도날드 햄버거를 먹었는지는 알 수 없지만, 한 가지 확실한 건 '빅맥'을 일물일가(一物一價)의 법칙을 구현할 수 있는 재화로 고려할 수 있다는 것이다. 국가별 빅맥의 가격을 비교해 구매력평가(PPP; Purchasing Power Parities) 환율을 산정함으로써 원달러 환율의 방향성도 생각해볼 수 있다.

우선 각국의 빅맥으로 환율의 방향성을 예상하기 앞서 구매력평가의 개념을 알아야 한다. 구매력평가란 스웨덴의 경제학자 구스타프 카셀의 이론으로, 하나의 상품에는 하나의 가격이 존재한다는 '일물일가의 법칙'을 기반으로 국가 간 상품의 비교를 통해 통화의 가치와 구매력을 알 수 있다는 아이디어에서 출발했다. 빅맥은 사실상 전 세계에서 판매되고 있고, 동일한 재료와 동일한 과정으로 만들어져 품질의 차이가 거의 없기 때문에 구매력평가에 적합한 재화에 해당한다(다만 재료값과 간접비, 즉 임대료, 세금, 금리 등이 다르므로 이를 반영할 시 선진국이 주로 상위 레벨에 지속적으로 등장한다는 단점도 있다).

물론 동일한 재료와 과정을 거친다고 해도 여러 가지 이유로 가격은 달라질 수 있다. 재화가 동일해도 가격이 다르면 차익 거래가 존재할 수 있지만, 구매력이 같다면 지속적인 거래를 통해 결국 가격은 동일 가격으로 수렴한다고 가정한다. 예를 들어 한때 암호화폐 거래소에서 '김치 프리미엄'이라는 용어가 쓰이기도 했다. 2017년 한국 투자 수요가 급증하면서 다른 국가에서 거래되는 비트코인 가격 대비 한국 거래소의 비트코인의 가격이 높아지자 등장한 용어다. 비트코인 역시 일부 차익 거래를 노리는 수요가 있었으나, 시간이 지나자 지속적인 거래를 통해 가격이 비슷해

서울 vs. 뉴욕 빅맥지수(2023년 1월 기준)

지면서 '김치 프리미엄'은 사라졌다.

빅맥지수를 살펴보면 2023년 초 기준 원화는 26% 절하되었다고 나온다. 2023년 1월 기준 한국 서울에서 빅맥 가격은 4,900원이고, 미국 뉴욕에서 5.36달러이니 원달러 환율을 계산해보면 914.18원이 나온다. 그러나 2023년 1월 실제 환율은 1,235.45원이기 때문에 빅맥을 기준으로 보면 원화는 26% 가치가 절하된 상태다. 따라서 추후 장기적으로 원화는 절상 방향으로 움직일 가능성이 높다.

빅맥지수를 기준으로 2021년 7월에는 원화가 18.9% 절하, 2022년 1월에는 24.3%, 2022년 7월에는 32% 절하된 상황이었다. 흐름을 보면 원화의 가치가 달러 대비 꾸준히 하락했다가 다시 상승하는 모습을 보이고 있다. 미국은 물가 수준이 높아지자 기준금리를 가파르게 올리고 있는 반면, 한국은 기준금리의 상승폭이 상대적으로 미미하다 보니 벌어진 일이다. 원화의 가치가 하락했다가 정상으로 돌아가는 과정으로 해석된다.

이렇게 빅맥지수로 실질 구매력을 측정하면 국가 간 환율의 고평가 또는 저평가 여부를 알 수 있다. 비슷한 지표로는 2004년 등장한 스타벅스의 라떼지수, 2007년 등장한 애플의 아이팟지수, 아이튠지수가 대표적이다.

핵심 요약

- 달러는 일부 통화와의 비교로 가늠하기 쉽지 않다. 그래서 경제 규모가 그나마 비슷한 국가들의 통화와 달러를 복합적으로 비교해 나름의 지표로 그 가치를 산출하고 정형화한 자료가 있는데, 그것이 바로 'DXY(US Dollar Index)'다.
- 미국이 유로화에 언제 발병할지 모를 균을 심어놓았다면, 엔화는 심각한 가스라이팅으로 아예 저항하지 못하도록 만든 것은 아닌지 의심해본다.
- 원달러 환율의 흐름을 예측하는 가장 쉬운 방법은 우리나라 원화의 움직임이 아닌, 미국 달러의 강세와 약세를 예상하는 것이다.
- 관념적으로 돈의 가치를 결정하는 요소는 금리이기 때문에 환율을 예측하기 위해선 금리를 먼저 생각해볼 필요가 있다.
- 경제 환경과 수출 구조가 변화함에 따라 환율 흐름을 분석하는 데 있어서도 더욱 다양한 요소를 고려하고 폭넓은 시야를 가질 필요가 있다.

- 장기적인 관점에서 환율의 방향성에 영향을 미치는 것은 해당 국가의 펀더멘털이지만, 단기적으로 고수익을 위해 장세 변화에 따라 신속하게 움직이는 '스마트머니'와 같은 유동성도 무시할 수 없는 것이다.

✦

중앙은행으로서 책무와 권한은
다른 나라의 중앙은행과 대동소이한 것 같지만
그 영향력은 실로 막강하다.
전 세계 제1의 기축통화의 금리를 결정하고
발권력을 행사하다 보니 당연한 결과일 테지만,
전체적인 과정을 꼼꼼히 살펴볼 필요가 있다.

세 번째

달러의 가치를
좌우하는
미국 중앙은행

DOLLAR INVESTMENT

연준의 역사

로스차일드를 빼놓고 미국 중앙은행의 역사를 논할 수 없는 이유는
로스차일드 가문의 셋째 아들인 네이선 로스차일드가
바로 미국의 첫 번째 중앙은행을 설립한 장본인이기 때문이다.

달러를 논할 때 빼놓을 수 없는 이야기가 있다. 바로 미국 중앙은행이다. 정확히는 연방준비제도(The Federal Reserve System), 줄여서 연준(또는 'The Federal Reserve' 'The Fed')이라 부른다. 미국은 다른 나라와 달리 국가가 설립한 하나의 중앙은행의 구조가 아닌, 여러 민간은행이 참여하는 연준이라는 특이한 시스템으로 통화 정책을 관리한다. 12개 지역 민간은행과 이를 총괄하는 이사회(The Federal Reserve Board), 그리고 통화 정책 결정기구인 연방공개시장위원회(FOMC; Federal Open Market Committee)로 구성된다.

앞서 언급한 트리핀의 딜레마에도 불구하고 미국이 전 세계 최고의 권력을 차지한 배경에는 연준이 크게 자리하고 있다. 연준이 미국 최대 수출품인 '달러'의 가치를 유지하고 향상시키는 미션을 성공적으로 수행했기 때문이다. 연준은 전 세계 경제를 좌우할 수 있는 금융 시장의 최대 권력기구다. 그러므로 연준이 어떻게 탄생하고 발전했는지 살펴보는 일은 달러의 가치를 이해하는 데 있어 매우 중요한 과정일 것이다(본문에 들어가기에 앞서 『인플레이션 이야기』『로스차일드 이야기』『화폐전쟁』을 참고했음을 밝힌다).

'로스차일드'라는 이름을 들어본 적이 있을 것이다. 중앙은행의 역사는 물론 금융과 화폐의 역사에 관한 글과 서적에 빠지지 않고 등장하는 이 전설적인 가문의 기원에서 이야기는 시작된다. 로스차일드는 17세기 세계 최초의 글로벌 은행 그룹을 세운 가문이자 글로벌 금융사에 길이 남을 업적을 세운 가문이다. 로스차일드를 빼놓고 미국 중앙은행의 역사를 논할 수 없는 이유는 로스차일드 가문의 셋째 아들인 네이선 로스차일드가 바로 미국의 첫 번째 중앙은행을 설립한 장본인이기 때문이다. 영란은행(BOE)과 함께 주요 주주가 되었으며, 그의 가문은 두 번째 중앙은행의 설립에도 참여했다고 알려져 있다. 또한 현존하는 연준의 근간이 된

메이어 암셸 로스차일드의 초상화(좌)와 로스차일드 가문을 상징하는 5개의 화살 문장(우)

「연방준비법」의 초안에 로스차일드 가문이 깊이 관여할 수 있는 기반을 마련했다.

네이선 로스차일드의 아버지 메이어 암셸 로스차일드는 1744년 유럽 일대를 전전한 유대계 상인 가문에서 태어났다. 프랑크푸르트에 정착해 상업적 지식을 체계적으로 학습한 메이어는 선진 금융 체계를 배우기 위해 하노버로 떠난다. 오펜하이머 가문의 은행 수습생으로 취직한 메이어는 훗날 빌헬름 대공과 탄탄한 인맥을 이어줄 에스토르프 장군과 인연을 맺는다. 이후 다시 프랑크푸르트로 돌아와 아버지의 사업을 물려받아 금융업자로 활약한다.

메이어는 하노버에서 만난 에스토르프 장군의 소개로 빌헬름 대공과 만나게 되고, 신임을 얻어 왕실의 대리인이 된다. 이후 높은 신용도를 바탕으로 승승장구한다. 나폴레옹이 입성하자 빌헬름 대공은 외국으로 도피하는데, 이때 메이어는 자신의 재산을 다 뺏기면서까지 차관장부를 숨겨 빌헬름 대공의 재산을 철저히 지킨다. 메이어가 '신용'이란 덕목을 가장 중요하게 생각했음을 알 수 있는 대목이다. 그가 목숨처럼 지킨 신용은 막대한 부를 창출할 수 있는 기회로 돌아온다.

다시 복귀한 빌헬름 대공은 각국에서 수금할 수 있는 권리를 메이어에게 부여했고, 메이어는 5개 화살을 활시위에 걸고 쏘듯 유럽 주요국에 5명의 아들을 파견한다. 첫째는 프랑크푸르트로, 둘째는 빈으로, 셋째는 런던으로, 넷째는 나폴리로, 다섯째는 파리로 진출해 유럽 각지에서 영향력을 발휘한다. 5명의 아들은 로스차일드 제국을 일으켰고 이때부터 '5개의 화살'은 로스차일드 가문의 상징이 된다.

다섯 아들 중 '돈'에 있어 가장 특출한 재능을 보인 것은 셋째 네이선이었다. 그가 영국에서 활약할 당시 유럽에서는 대륙의 운명을 바꿀 워털루 전투가 벌어지고 있었다. 1815년 6월 18일, 영국 증권거래소는 결전의 날을 맞이한 듯 팽팽한 긴장감에 휩싸였다. 영국이 패전한다면 영국채는 폭락할 것이고, 반대로 프랑스가 패전한다면 영국채는 폭등할 터였다. 로스차일드 가문은 전쟁이 시작되기 전부터 정보망을 구축한 덕분에 남들보다 하루 빨리 영국의 승전보를 입수한다.

소식을 들은 네이선은 직원들을 시켜 영국채를 대량으로 매도한다. 초조하게 기다리던 사람들은 네이선이 대량의 영국채를 던지자 '아, 웰링턴이 패배했다는 소식을 들었구나!' 하고 생각했고, 너 나 할 것 없이 투매에 나선다. 영국채 시장은 패닉에 빠졌고 가격은 순식간에 액면가의 5% 아래로 떨어졌다. 이 과정을 태연히 지켜보던 네이선은 다시 직원들을 시켜 영국채를 쓸어 담는다. 그 결과 네이선은 20배가 넘는 차익을 챙겼고, 영국 정부 최고의 채권자로 등극해 은행의 실권을 장악한다. 지금 시대라면 시세조종 혐의로 당장 끌려갔겠지만 아직도 회자되는 신화 같은 이야기다.

로스차일드 가문은 네트워크와 정보를 투자의 필요조건으로 생각했다. 탄탄한 네트워크를 기반으로 한 상호 협력과 정보 공유는 오늘날에도 추정 불가능한 재력을 소유한 로스차일드 가문의 보이지 않는 힘으로 남아 있다. 네이선이 미 연준의 설립을 주도할 수 있었다는 주장의 배경도 여기에 있다.

그렇지만 나는 새도 떨어트렸다는 로스차일드 가문도 떠오르는 다크호스 '미국'의 금융 시장을 장악하기란 쉽지 않았다. 13개

식민지로 나눠진 독립 이전의 미국은 영란은행의 횡포로 '중앙은행' 존재 자체에 대한 부정적 인식이 팽배했다. 특히 농업 기반의 중남부는 은행(Bank)이라는 단어 자체에 반감이 있을 정도였다. 그러한 이유로 독립전쟁 이후 1789년 대통령으로서 임기를 시작한 초대 대통령 조지 워싱턴조차 첫 번째 중앙은행을 출범시킨 「중앙은행법」 서명에 주저했다는 이야기가 전해진다.

「중앙은행법」 상정을 두고 내각에선 찬성과 반대의 충돌이 상당했다. 국무장관 토머스 제퍼슨과 하원의원 제임스 매디슨을 중심으로 구성된 반대파는 헌법에 중앙은행 규정이 부재하다는 이유를 반대의 명분으로 삼았다. 그 이면에는 은행이 북부 상업 활동을 지원하기 위한 목적으로 설립될 것이라는 우려가 자리 잡고 있었다. 은행이 노동이 아닌 고리대금업의 산물이라는 인식이 한몫했던 것으로 보인다. 영란은행의 행패와 중앙집권적 권력에 대한 우려도 상당했다.

고심하던 조지 워싱턴 대통령은 결국 1791년 강력한 정부를 주장한 알렉산더 해밀턴 재무장관의 의견에 마음이 쏠렸고, 해밀턴을 중심으로 추진된 1차 합중국은행은 지분 전체의 일부(20%)만 연방정부가 소유하고 나머지는 자본가로부터 출자를 받는 민간 주식회사 형태로 추진된다.

설립부터 논란이 많았기에 중앙은행에 대한 신뢰는 바닥인

상황이었다. 정부는 이를 극복하고자 민간은행의 자본은 물론, 당시 '금융 대통령' 격이었던 로스차일드 가문을 중심으로 한 영국 자본을 받아 신뢰의 기반을 구축한다. 그런데 곰곰이 생각해보면 기껏 권력의 횡포를 피해 신대륙으로 이주하고 독립을 쟁취한 미국인 입장에서는 또다시 중앙집권적 분위기를 조성하는 중앙은행의 존재 자체가 불편했을 것이다. 정부는 그러한 반감을 수용하고자 1차 합중국은행의 영업 기한(1791~1811년)을 한시적으로 제한했다. 설립 당시 반대파에 속했던 제임스 매디슨은 훗날 대통령이 되는데, 나중에는 입장을 선회해 영업 기한 연장을 추진하지만 끝내 의회의 부결에 가로막혀 1차 합중국은행은 역사 속으로 사라진다.

독립선언 이후 어렵사리 독립전쟁에서 승전한 미국이었지만 여전히 유럽 선진국으로부터 실질적인 독립을 인정받지 못했고, 그 결과 1812~1815년 미영전쟁이 발발한다. 미영전쟁으로 독립적인 지위를 인정받게 되지만 잇따른 전쟁으로 미국의 재정은 매우 궁핍해졌다. 채무 증가와 함께 물가가 크게 치솟는 인플레이션이 발생한다.

다시 한번 중앙은행의 필요성을 절감한 제임스 매디슨 대통령은 1816년 2차 합중국은행을 출범시켰다. 정부와 자본가의 출자 비중은 2:8이었고, 영업 기한은 20년으로 1차 합중국은행과 동일했다. 2차 합중국은행은 주별로 1개씩 지점을 설치해 화폐 유통량을 조절했고, 훗날 효율적인 경제 성장에 기여했다는 평가를 받는다. 그러나 영업 만료 시효가 가까워지자 권력 오남용 문제가 대두되었고, 평민 출신 앤드류 잭슨 대통령은 2차 합중국은행의 폐지를 시사하며 면허 연장을 불허했다.

그럼 연준의 모태인 3차 합중국은행은 언제 설립되었을까? 2차 합중국은행 폐지 이후 미국에는 주정부 자치 은행만 남게 되고, 정부의 역할은 필요한 사항(이자율, 최저 자본금, 지급준비율 등)만 관리하는 수준에서 머무른다. 그러다 주정부 자치 은행은 남북전쟁(1861~1865년)을 치르면서 연방정부가 주도하는 은행으로 대체된다. 연방정부는 무리하게 채권을 발행하다 유동성이 커지는 문제를 야기했고, 19세기 말부터 뱅크런이 빈번히 발생한다. 가장 큰 문제는 1907년 영란은행이 금리를 인상하면서 터진 뱅크런이었다. 중앙은행이 부재한 상황에서 이러한 혼란을 주도적으로 수습한 이가 존 모건이었다. 그는 로스차일드 가문과 함께 철도, 철강 및 금융 사업을 일구며 성장해 훗날 JP모건을 창립한다.

이러한 배경으로 미국은 은행의 모든 문제를 조사하고 전방위적인 지급 준비 제도를 마련해야 했다. 넬슨 올드리치(상원의원, 국가화폐위원회 의장, 넬슨 록펠러의 외조부), 피아트 앤드루(재무부 차

관보), 프랭크 밴더리프(뉴욕 내셔널시티은행 은행장), 헨리 데이비슨(JP모건 사장), 찰스 노턴(뉴욕 퍼스트내셔널은행 은행장), 벤저민 스트롱(JP모건 측), 폴 와버그(쿤롭사 사장, 로스차일드 가문 대리인)으로 구성된 민관 TFT는 「연방준비법」 초안을 준비한다.

1913년 해당 법안을 근거로 통화 정책을 결정하는 연준이 탄생한다. 법에 명시된 중앙은행으로서 연준의 목적은 '탄력적으로 통화를 공급하고, 상업 어음의 재할인 수단을 제공하고, 은행들에 대한 보다 효과적인 통제를 하는 것'이었다. 당시 시대를 호령하던 로스차일드 사단이 대거 포함된 연준은 미국 전역을 12개 지역(뉴욕, 보스턴, 필라델피아, 세인트루이스, 미니애폴리스, 댈러스, 샌프란시스코, 캔자스시티, 클리블랜드, 리치몬드, 애틀랜타, 시카고)으로 구분해 민간은행을 세우고 이사회를 구성한다. 이후 대공황을 거치면서 1935년 연준은 독립성을 강화하고자 산하에 연방시장공개위원회, 즉 FOMC를 설립한다. 그리고 FOMC로 하여금 통화 정책을 수립하고 시행하게 함으로써 오늘날의 형태를 갖춘다. 참고로 당시 대중의 불신이 하늘을 찌른 탓에 '은행(Bank)'이라는 단어는 조직 구성에서 제외되었으며, 지금도 해당 단어는 연준을 지칭할 때 포함되지 않는다.

결론적으로 현재의 연준이란 시스템은 로스차일드 가문의 자본으로 이뤄졌다고 해도 과언이 아니다. 그들이 다양한 금융기관을 통해 베일 뒤에서 미국에 투입한 막대한 자본의 규모를 고려하면 왜 로스차일드 가문을 금융 대통령이라고 부르는지 알 수 있다. 어쩌면 나치가 오스트리아와 파리 로스차일드 가문의 재산을 몰수하지 않았다면 진짜 대통령을 하고 있었을지도 모른다는 상상을 해본다.

연준의 역할과 구조

12명으로 구성되는 FOMC는 7명의 이사회 멤버와
지역 연방준비은행 총재 5명이 참석하며, 연방준비은행 총재 1명이
필수로 참석한다는 전제하에 정족수 7명으로 진행된다.

많은 우여곡절을 겪으며 탄생한 미국의 중앙은행, 연준은 설립 배경을 반영하듯 권한도 막강하다. 연준의 역할은 독립적 통화 정책 수행, 금융 시스템 안정성 유지, 금융기관 관리·감독, 자금 결제 시스템의 안정성과 효율성 제고, 금융 소비자 보호와 커뮤니티 발전으로 요약된다. 이 중 시장과 달러의 가치에 큰 영향을 미치는 역할은 통화 정책, 즉 기준금리 결정과 화폐(달러) 발행의 권한이다. 중앙은행으로서 책무와 권한은 다른 나라의 중앙은행과 대동소이한 것 같지만 그 영향력은 실로 막강하다. 전 세계 제1의 기축통화의 금리를 결정하고 발권력을 행사하다 보니 당연한 결과일 테지만, 전체적인 과정을 꼼꼼히 살펴볼 필요가 있다.

연준은 기본적으로 글로벌 영향력이 가장 큰 미국의 경제 흐름에 맞춘 통화 정책을 펼친다. 미국 경제가 인플레이션을 유발하는 호황기면 금리를 올려 시장을 제어하고, 연준이 보유한 채권을 매도해 시장의 유동성을 흡수한다. 이때 달러의 가치는 상승하고, 다른 나라 통화의 가치는 상대적으로 하락한다. 반대로 미국 경제가 좋지 않으며 금리를 인하해 투자와 거래를 유도하고, 연준은 시중의 채권을 매입해 유동성을 푼다. 이때 달러의 가치는 하락하고, 다른 나라 통화의 가치는 상승한다(예외적으로 2022년 터키는 그동안의 상식을 깨고 글로벌 금리 인상 기조 속에서도 홀로 금리를 인하한 바 있다).

미국 경제가 호황기라면, 펀더멘털과 연준의 통화 정책이 시장에 반영되어 강달러 기조가 이어지고 자연스럽게 글로벌 최대 소비국인 미국의 경쟁력은 더욱 높아진다. 연준이 금리를 인상하면 미국의 시장금리가 상승하고 달러의 강세가 지속되면서 주변국으로부터 유동성을 흡수하게 된다. 이렇게 전 세계에 퍼져 있던 달러가 다시 미국으로 모이면 미국의 투자 매력도는 상승하고, 강달러와 소비력 강화라는 두 마리 토끼를 잡을 수 있다. 반대로 다

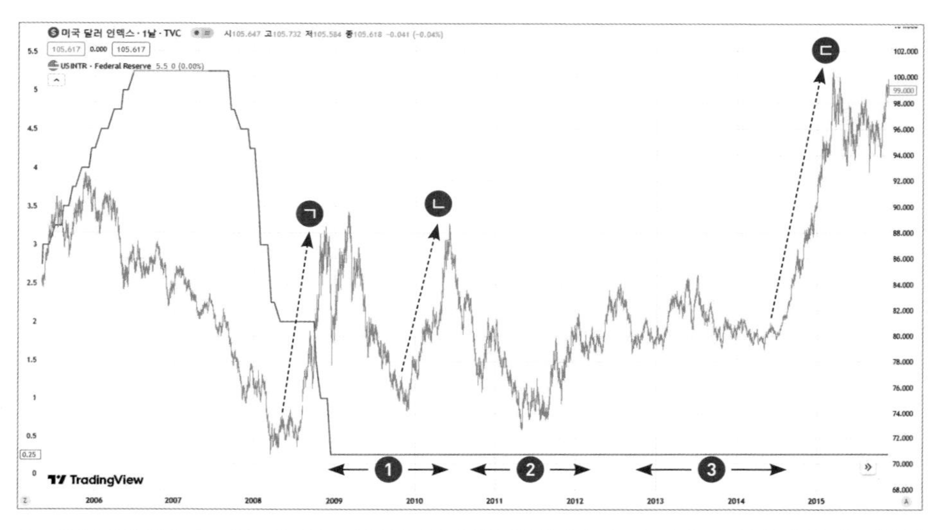

미 기준금리(파란색), DXY(붉은색) 추이. 제로 기준금리 및 양적완화(① 1차 양적완화, ② 2차 양적완화, ③ 3차 양적완화)에 따른 달러의 가치 변화(㉠ 글로벌 금융위기 발발, ㉡ 2차 양적완화 지연에 따른 의기의식 고조, ㉢ 3차 양적완화 종료 및 2015년 금리 인상 선반영)를 눈여겨보자.

른 나라는 화폐의 가치가 하락해 투자 매력도가 떨어지고 유동성 문제를 겪을 것이다.

미국 경제가 불황기라면 미국은 금리를 낮추고 시장에 유동성을 공급하는 방식으로 약달러를 유도한다. 유동성으로 자본 시장의 활성화를 꾀해 투자 매력도를 높이는 효과를 노리는 것이다. 약달러에 기인한 타국 통화의 강세로 외국의 투자 매력도도 높아질 수 있지만, 언제나 그러하듯 미국의 우선순위는 자국의 투자 매력도를 높이는 데 있다.

결국 연준의 통화 정책과 발권력은 단순히 미국 내 이슈에 그치는 것이 아닌, 전 세계 경제의 흐름을 좌우하는 요인으로 작용한다. 쉽게 말해 '달러'라는 매개체를 통해 전 세계 경제의 흐름을 좌지우지하는 것이다.

연준은 달러의 가치를 시장에 맞게 유지하기 위해 합리적인 노력을 기울이는 '국가 시스템'에 해당한다고 본다. 연준의 의사결정의 결괏값이 달러의 가치라고 해도 과언이 아닌 이유다. 그만큼 제1의 기축통화로서 그 지위와 가치를 지키는 길이 미국 경제가 순항하는 길이라는 데는 이견이 없어 보인다. 미국 입장에서는 달러가 항로에서 벗어나면 가장 높은 비중을 차지하는 수출품(달러)의 가치와 신뢰가 소멸할 수 있기 때문이다.

미국은 연준의 시스템으로도 달러의 가치를 조절할 수 없는 상황이 오면 다른 방법을 쓰기도 한다. 대표적인 예가 1985년 플라자합의다. 1980년대 초 일본과 독일이 낮은 환율을 무기 삼아 수출 경쟁력을 높여 미국 경제를 위협하자, 미국은 양국을 뉴욕 플라자 호텔로 '소환'해 강제로 엔화와 마르크화를 절상시켰다. 달러의 가치가 천정부지 치솟아 통제를 벗어날 위기에 처했기 때문이다. 플라자합의로 달러의 가치는 안정을 찾았고, 엔화의 가치는 급등하면서 일본은 '잃어버린 30년'을 맞이한다.

미국이 달러의 가치를 수단과 방법을 가리지 않고 지켜내야만 하는 '보루'로 여기고 있다는 것을 인지한다면 연준의 역할을

엔달러(붉은색), 마르크달러(검은색), DXY(회색) 추이. 플라자합의를 기점으로 엔과 마르크는 절상한다.

자료: 블룸버그

가늠할 수 있을 것이다. '독립성'이라는 좋은 방패를 가지고 달러의 가치를 지키기 위해 고군분투하는 정예 부대라고 볼 수 있다. 이처럼 연준은 독립적으로 통화 정책을 관장하기 때문에 기준금리를 결정하고 화폐(달러)를 발행하는 권한도 갖고 있지만, 금융 시장의 안정성과 시스템 리스크를 사전에 발견하고 완화하는 막중한 책임도 가지고 있다. 특히 이 부분이 다른 국가의 중앙은행과의 가장 큰 차이점이다. 금융 시장의 안정을 제고하기 위해 연준은 금융기관을 감독하는 권한을 갖고 책임을 수행한다.

한국은행은 어떨까? 통화 정책을 수립할 때 자체적으로 금융 시장의 안정성을 상당히 고려하긴 하지만, 직접적인 권한과 책임은 금융감독원에 부여되어 있다. 사실 연준이 남다른 권한을 부여받을 수 있었던 배경에는 설립부터 강조된 '독립성'에 있다. 일부 정부 지분이 투입된 1·2차 합중국은행과 달리 현 제도의 근간인 3차 합중국은행을 민간 자본으로만 구성한 데 큰 이유가 있다고 본다. 물론 주요 인사에 대한 임명권은 대통령에게 있다(상원의 인준은 필요하다). 그래도 연준이라는 제도에는 정부가 시장을 직접적으로 좌우할 여지가 현저히 낮다는 신뢰가 깔려 있다.

이 밖에 연준은 시장의 지급 결제 시스템 유지에도 관여하는데, 기본적으로 화폐 발행에 대한 기능이 여기에 속한다. 개인 간, 기관 간, 법인 간의 거래에서 주고받는 수표에 대한 전산망 교환에 있어 최종 책임을 갖는다. 미국은 금융 거래에서 카드보다 오히려 수표(Check)를 활용하는 측면이 많다. 관련 시스템을 구축하고 이를 작동시키기 위한 상위 기관의 역할이 필요한데, 연준이 바로 해당 직무를 맡고 있다. 수표 거래에서 대량 거래가 발생할 경우 금융기관의 유동성에 영향을 줄 수 있기 때문에 연준이 모니터링하고 개입한다. 또한 연준은 소비자 보호와 관련 제도 정비도 담당하고 있다. 소비자에게 개선 사항이나 질의 등을 접수해 제도 개선에 반영하는 노력을 기울인다.

앞서 언급했듯이 미국의 중앙은행은 은행(Bank)이 아닌 제도,

연준의 체계와 기능

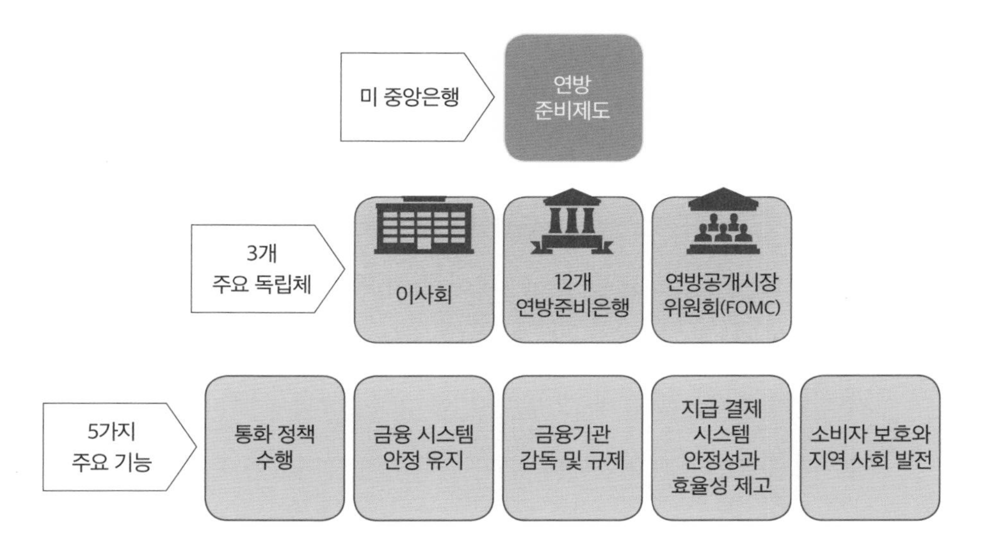

즉 시스템이다. 제도의 울타리 안에서 12개의 연방준비은행, 이사회, 그리고 연방공개시장위원회(이하 FOMC)가 존재한다.

지역 연방준비은행은 이사회가 최종 경영을 맡고 있고, 9명의 이사(회원 은행 선발 6명, 연준 이사회 선발 3명)를 두고 운영된다. 지역 연방준비은행은 중앙은행의 역할을 맡아 화폐의 유통 및 결제 기능, 지역 은행 관리·감독, 중앙정부(재무부)와의 거래를 담당한다.

이사회는 7명의 이사로 구성된다. 대통령이 지명하지만 상원의 인준이 필요하다. 임기는 무려 14년이고, 의장과 부의장의 임기는 4년이며 연임이 가능하다. 이사회는 지역 연방준비은행을 관리·감독한다. 지역 연방준비은행 총재와 이사회 멤버는 FOMC에 참여한다.

FOMC는 1년에 8회 개최되며, 기준금리 결정 등의 공개시장 조작을 담당한다. 12명으로 구성되는 FOMC는 7명의 이사회 멤버와 지역 연방준비은행 총재 5명이 참석하며, 연방준비은행 총재 1명이 필수로 참석한다는 전제하에 정족수 7명으로 진행된다. 지역 연방준비은행 총재 12명은 3년을 기준으로 1년씩 FOMC에 참여해 투표권을 부여받는다. 다만 뉴욕 연방준비은행 총재의 투표권은 항상 보장되므로, 실질적으로 11명의 연방준비은행 총재가 돌아가며 4개의 투표권을 보장받는다. 물론 나머지 지역 연방준비은행 총재들도 FOMC에 참석해 금리 정책에 관한 의견을 성실히 내놓는다.

연준을 주목해야 하는 이유

연준은 생각보다
다양한 옵션을
가지고 있다.

일반적으로 연준의 통화 정책은 기준금리의 조정 및 양적완화를 통한 시장 조작으로 알려져 있다. 미국의 기준금리, 즉 연방기금금리(Federal Funds Rate)는 미국 내 금융기관이 다른 금융기관으로부터 자금을 조달할 때 적용되는 금리로, 1일물이며 0.25%의 범주로 책정된다. 양적완화는 글로벌 금융위기와 팬데믹 국면에서 시장에 유동성을 공급할 때 활용한 방법으로 시장의 국채를 연준이 매입하는 방식으로 진행된다. 또한 팬데믹 때처럼 재무부에서 발행한 국채를 연준이 매입하고 유동성을 공급하는 등 재정 정책과 연계하는 방법도 있다. 이것 외에도 연준은 생각보다 다양한 옵션을 가지고 있다. 대표적으로 YCC(Yield Curve Control), 오퍼레이션 트위스트(Operation Twist), 포워드 가이던스(Forward Guidance) 등이다.

YCC는 목표 금리 이하로 기준금리를 유지하기 위한 목적으로 활용된다. 보통 장기 국채의 목표 금리를 지정해 그 이상으로 금리가 상승하면 해당 국채를 매입함으로써 금리가 하락하도록 유도한다. 미국은 제2차 세계대전 중 YCC를 활용했는데, 전쟁에 따른 침체를 고려해 이자율을 제한하기 위한 목적이었다. 이후에는 YCC를 제대로 사용한 적은 없다.

정작 YCC로 시장 부양을 유도하는 국가는 일본이다. 아베 신조 총리 시절 시장 부양을 위해 많은 돈을 시장에 직간접적으로 쏟아붓게 되는데, 이때 일본은행(BOJ)이 활용한 방식이 YCC다. 일본은행은 채권을 지속적으로 매입해 금리 상승을 억제했다. 2022년 말 일본의 기준금리는 −0.1%로 다른 선진국의 기준금리 인상과는 다른 길을 걷고 있다. 물론 일본도 오지 않을 것 같았던 인플레이션을 맞이하면서 2022년 말부터 YCC 정책을 변경한 바 있다(10년 국채 수익률 목표 변동폭을 0.50%로 높였다). 그리고 2023년 연중 10년 국채 수익률의 목표 변동폭을 1%로 상향 조

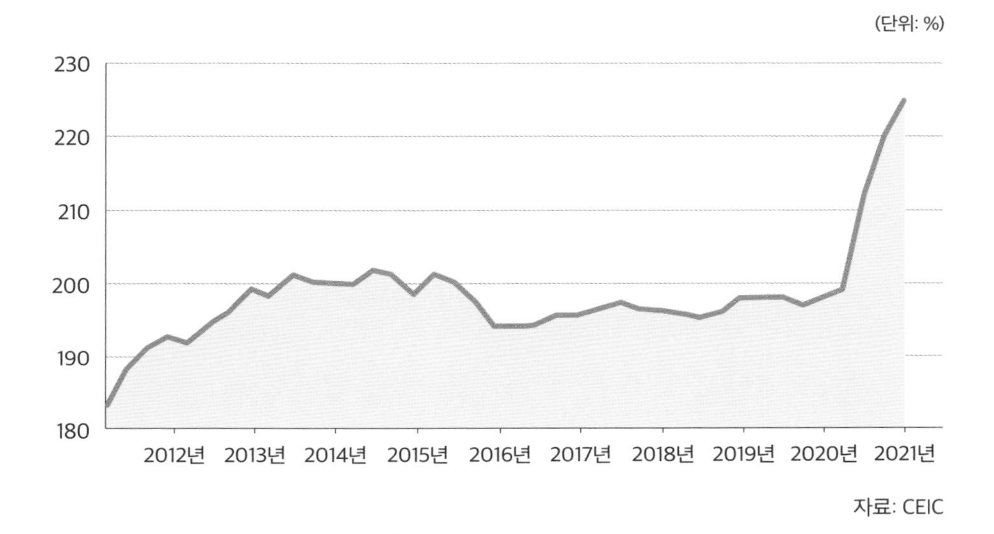

정하는 등 일본은 기술적인 방법으로 인플레이션과 금리를 관리하고 있다.

참고로 일본이 제로금리, YCC 등의 완화 정책을 고수할 수밖에 없었던 이유는 일본의 부채가 그만큼 높기 때문이다. 일본 정부의 부채를 살펴보면 2010년대 대비 최근 2배가 넘게 증가한 모습을 볼 수 있다. 명목GDP 대비 220%가 넘는 수준이다. 빚이 많으니 이자 부담 때문에 금리를 올릴 수 없고, 오히려 돈을 풀어 제한할 수밖에 없는 상황이다.

다음으로 연준이 활용할 수 있는 공개시장 조작 방법으로는 오퍼레이션 트위스트가 있다. 오퍼레이션 트위스트는 장기 국채 매수 및 단기 국채 매도를 통해 장기 금리의 하락을 유도하고 단기 금리 상승을 자극하는 방법이다. 2008년 글로벌 금융위기 이후 2012년 활용된 방법인데, 미국은 이를 통해 장기 금리를 낮춰 채권 금리를 안정시키고 수익률 커브를 완만하게 만든 바 있다. 보유 채권의 만기가 상향 조정되는 방식이라 부채 규모에 영향을 주지는 않지만 일단 장기 금리가 하락하면 기업의 투자 활성화에 도움이 된다. 투자금 또한 이동하는데, 단기채 금리가 상승함에 따라 장기 자금이 단기 자금으로 흘러 시장 활성화에 도움이 된다.

포워드 가이던스는 통화 정책에 대한 향후 방향을 구체적으로 제시해 시장의 반응을 보다 명확하게 선행적으로 유도하는 방법이다. 일각에서는 팬데믹 국면을 타개하기 위해 연준이 처음 도입했다고 평가하는데, 개인적인 판단으로는 연준이 그간 꾸준히 포워드 가이던스를 활용했다고 생각한다. 물론 코로나19 위기 이후 평균 물가 2% 도달을 목표로 2023년까지 제로금리를 유지할 것이라고 발표했던 내용의 명확성을 두고 보면 이러한 주장에도 근거는 있다. 그러나 이전에도 비슷한 사례는 많았다. 글로벌 금융위기 이후 제로금리를 유지할 때도 그랬고, 이후 테이퍼링 과정에서도 연준은 많은 단서를 내놓아 포워드 가이던스로 인식하기

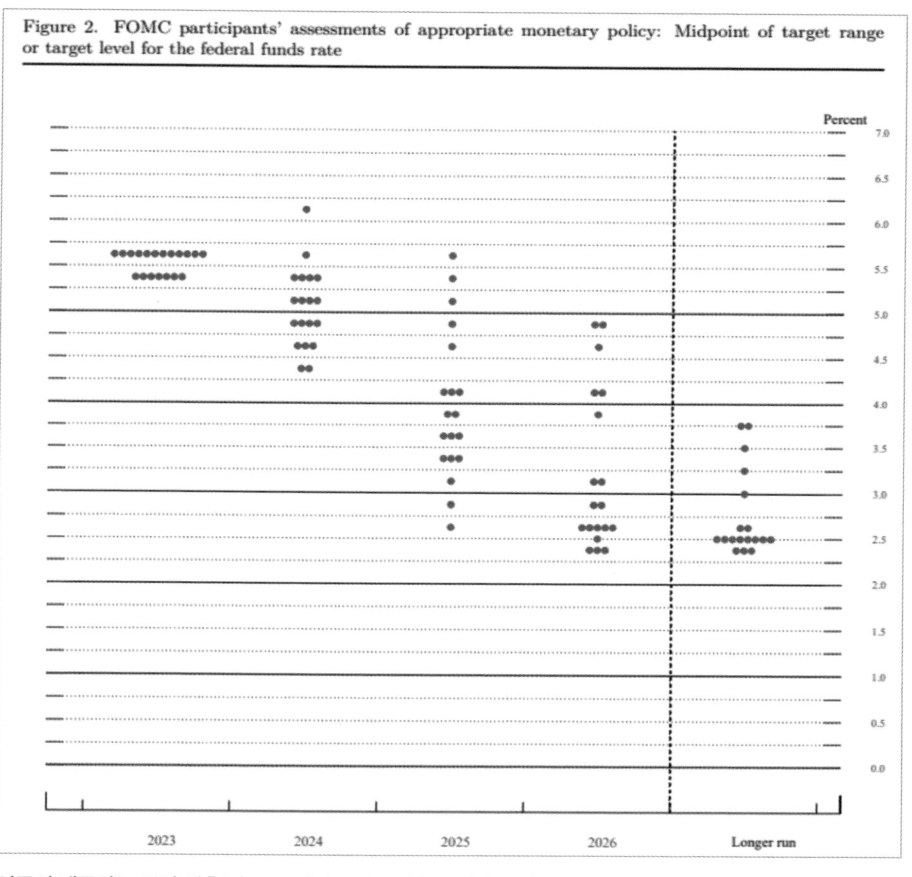

연준이 제공하는 금리 예측 점도표. 시장의 방향성을 고려하는 데 도움이 된다.

자료: 연준 홈페이지

충분했다.

무엇보다 연준은 2012년부터 FOMC 멤버 19명의 금리 예측을 나타내는 점도표를 발표하고 있다. 이 또한 시장에 금리의 방향성을 제시하는 방법이기에 폭넓은 의미에서는 포워드 가이던스라고 생각한다. 해당 점도표를 보면 위원들 간의 의견이 모아지는 2022~2023년 예측치는 상대적으로 신뢰할 만한 이정표로 보인다. 다만 2024년과 장기 금리(중립금리)의 경우 분포가 넓어 아직 신뢰할 만한 지표라고 보기는 어렵다.

한 걸음 더

연준 위원들의 성향과 투표권

흔히 정책을 수립하고 실행하는 측면에서 온건하고 완화적인 관점을 유지하는 성향을 비둘기(Dove)라 말하고, 강경하고 긴축적인 태도를 유지하는 성향을 매(Hawk)라 칭한다. 금융 분야에서는 금리 인하를 선호하고 지지하는 세력을 비둘기파, 기준금리 인상을 중요하게 여기는 세력을 매파라고 이야기한다. 이러한 두 성향, 즉 비둘기파와 매파가 공존하며 정책을 결정하는 집단이 연준의 FOMC다.

FOMC 위원별 성향 및 투표권(2023년 10월 기준)

이름	직위	비둘기파 vs. 매파	투표권		
			2023년	2024년	2025년
오스탄굴스비	시카고		○	×	○
라파엘 보스틱	애틀랜타		×	○	×
리사 쿡	이사회		○	○	○
켈리 더버트	캔자스시티		×	×	○
패트릭 하커	필라델피아		○	×	×
수잔 콜린스	보스턴		×	×	○
마이클 바	이사회		○	○	○
캐슬린 오닐 파세	세인트루이스		×	×	○
필립 제퍼슨	이사회		○	○	○
존 윌리엄스	뉴욕		○	○	○
제롬 파월	의장		○	○	○
메리 데일리	샌프란시스코		×	○	×
토마스 바킨	리치몬드		×	○	×
로레타 메스터	클리블랜드		×	○	×
로리 로건	댈러스		○	×	×
크리스토퍼 월러	이사회		○	○	○
미셸 보우먼	이사회		○	○	○
닐 카시카리	미니애폴리스		○	×	×

자료: InTouch Capital Markets

시장에서는 위원들의 성향을 알면 금리의 방향성을 예상할 수 있다고 생각한다. 위원들의 성향은 주로 그들이 연구한 논문, 기존의 커리어, 언론 인터뷰 등을 통해 예측할 수 있다. 물론 의사 결정은 데이터에 기반하기 때문에 과거의 언행이 현재를 꼭 대변하는 것은 아니다. 시장의 방향성이 명확할 때는 성향에 대한 영향도가 상대적으로 낮지만, 시장이 갈림길에 서 있을 때는 이들의 성향이 중요한 지표가 된다.

- 미국은 다른 나라와 달리 국가가 설립한 하나의 중앙은행의 구조가 아닌, 여러 민간은행이 참여하는 연준이라는 특이한 시스템으로 통화 정책을 관리한다. 12개 지역 민간은행과 이를 총괄하는 이사회(The Federal Reserve Board), 그리고 통화 정책 결정기구인 연방공개시장위원회(FOMC; Federal Open Market Committee)로 구성된다.

- 로스차일드는 17세기 세계 최초의 글로벌 은행 그룹을 세운 가문이자 글로벌 금융사에 길이 남을 업적을 세운 가문이다. 로스차일드를 빼놓고 미국 중앙은행의 역사를 논할 수 없는 이유는 로스차일드 가문의 셋째 아들인 네이선 로스차일드가 바로 미국의 첫 번째 중앙은행을 설립한 장본인이기 때문이다.

- 많은 우여곡절을 겪으며 탄생한 미국의 중앙은행, 연준은 설립 배경을 반영하듯 권한도 막강하다. 연준의 역할은 독립적 통화 정책 수행, 금융 시스템 안정성 유지, 금융기관 관리·감독, 자금 결제 시스템의 안정성과 효율성 제고, 금융소비자 보호와 커뮤니티 발전으로 요약된다.

- 미국이 달러의 가치를 수단과 방법을 가리지 않고 지켜내야만 하는 '보루'로 여기고 있다는 것을 인지한다면 연준의 역할을 가늠할 수 있을 것이다. '독립성'이라는 좋은 방패를 가지고 달러의 가치를 지키기 위해 고군분투하는 정예 부대라고 볼 수 있다.

- 연준은 생각보다 다양한 옵션을 가지고 있다. 대표적으로 YCC(Yield Curve Control), 오퍼레이션 트위스트(Operation Twist), 포워드 가이던스(Forward Guidance) 등이다.

- 금융 분야에서는 금리 인하를 선호하고 지지하는 세력을 비둘기파, 기준금리 인상을 중요하게 여기는 세력을 매파라고 이야기한다. 이러한 두 성향, 즉 비둘기파와 매파가 공존하며 정책을 결정하는 집단이 연준의 FOMC다.

✦

결국 환율을 공부하는 목적은
환차익이 발생할 수 있는 기회를 찾아
수익을 추구하는 것이다. 그리고 환율로 인해
발생할 수 있는 손해를 가늠하거나 예상할 수 있다면
사전에 리스크를 줄이는 것도 포함된다.
더 나아가 환율의 방향성을 가늠하고
자산 시장의 영향을 고려해
종합적으로 투자에 활용할 수도 있다.

네 번째

누구나
따라 할 수 있는
달러 투자 노하우

DOLLAR INVESTMENT

현명한 투자자를 위한 환테크 노하우

당연히 환율도 '돈'의 조합이기 때문에
투자자 입장에서 환율에 신경을 쏟는 일은
'돈'을 벌지 못하면 쓸모없는 시간 낭비다.

결국 환율을 공부하는 목적은 환차익이 발생할 수 있는 기회를 찾아 수익을 추구하는 것이다. 그리고 환율로 인해 발생할 수 있는 손해를 가늠하거나 예상할 수 있다면 사전에 리스크를 줄이는 것도 포함된다. 더 나아가 환율의 방향성을 가늠하고 자산 시장의 영향을 고려해 종합적으로 투자에 활용할 수도 있다. 당연히 환율도 '돈'의 조합이기 때문에 투자자 입장에서 환율에 신경을 쏟는 일은 '돈'을 벌지 못하면 쓸모없는 시간 낭비다.

장기적으로 달러자산의 성장성과 투자 매력을 인지했다면 이제 원화를 환전해 달러자산에 투자할 준비를 해야 한다. 이때 기본적으로 알고 있어야 하는 용어와 개념이 있다. 단순히 환전을 목표로 하는 것이 아니라 환테크를 염두에 두고 있다면 다양한 창구로 관련 자료와 기회를 접할 것이다. 이때 기본 개념이 흔들리거나 용어를 혼동해선 곤란하다.

우선 기준환율의 개념을 알아야 한다. 기준환율이란 우리나라 외환 시장에서 적용하는 금융기관의 달러 매입 원가를 뜻한다. 보통 은행에 가면 '매매기준율'이란 이름으로 전광판에 크게 표기되어 있다. 시중은행은 서울외국환중개의 매매기준율을 바탕으로 수수료를 붙여 환율을 고시한다. 특히 원달러 매매기준율은 외환 시장의 중심을 이루는 기준점과 같은 역할을 한다.

원달러 매매기준율은 외환 시장에서 1달러를 매입하기 위해 들어간 비용을 원화로 표시한 것이다. 시장에 참여한 사람들이 1달러를 매입하는 데 사용한 금액을 평균 내어 산출한다. 외국환중개회사인 서울외국환중개는 이렇게 전일 거래된 모든 외환 거래의 평균값을 익일 오전 8시 30분에 고시한다. 해당 환율은 당일 외환 거래 매매기준율의 시초가가 된다. 매매기준율은 외환 시장이 운영되는 평일 오전 9시부터 오후 3시 30분까지 매분 고시된다.

여기서 잠깐!

NDF 시장에 대해

NDF(Non-Deliverable Forward)란 본국의 세제나 운용상의 규제를 피해 금융, 조세, 외환 관리 면에서 특전을 누릴 수 있도록 타국(역외)에서 운용하는 선물환이다. 파생금융상품의 일종으로 보통 역외선물환, 차액결제 선물환이라 부른다. NDF 시장에서는 만기에 현물을 인도하거나 계약 원금을 상호 교환하지 않고 계약한 선물환율과 지정환율 사이의 차이만을 지정통화로 정산한다.

역외선물환 거래 예시

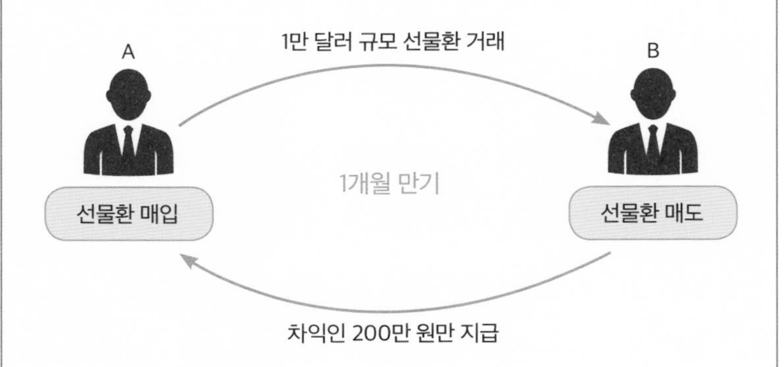

*** 선물환율 1천 원, 지정환율 1,200원**

예를 들어 A가 B에게 1개월 후에 1만 달러를 매입하는 계약을 원달러 환율 1천 원일 때 체결했다고 가정해보자. 계약 당시에는 원화 1천만 원에 해당하는 거래다. 그런데 한 달 뒤 원달러 환율이 1,200원이 되었다면,

결과적으로 A는 현물환 시장에서 1달러당 1,200원에 매입해야 함에도 B와 선물환 거래를 했기 때문에 1달러당 1천 원에 매입할 수 있다. 반대로 B는 현물환 시장에서 1달러당 1,200원에 매각해야 함에도 A와 선물환 거래를 했기 때문에 1달러당 1천 원에 매각할 수 있다. 즉 A는 200만 원 이익을, B는 200만 원 손실을 본다. NDF는 이 결론에만 주목한다. 실제로 A와 B가 1만 달러를 주고받는 것이 아니라 선물환율과 지정환율 사이의 차이(200만 원)만 결제하는 것이다.
싱가포르, 홍콩, 뉴욕 등 여러 역외 시장에서 거래가 활발하지만 우리나라에서 말하는 NDF 시장은 보통 싱가포르와 홍콩의 시장을 뜻한다. 이 두 시장에서는 원, 대만 달러, 중국 위안, 필리핀 페소, 인도 루피 등 다양한 통화가 거래되는데, 이 중 한국의 원화 거래가 가장 활발하다. 특히 2000년 이후 원달러 환율의 변동폭이 커지면서 NDF 거래가 원달러 환율을 결정하는 주요 변수로 급부상했다.

우리가 정작 활용할 수 있는 환율은 매매기준율이 아니다. 개인이나 법인이 환전을 하기 위해 은행을 찾으면 은행은 사용 목적에 맞게 적용 환율을 별도로 정해 고시한다. 보통 '현찰 사실 때(현찰 매도율)' '현찰 파실 때(현찰 매입율)' '송금 보낼 때(전신환 매도율)' '송금 받을 때(전신환 매입율)'로 구분된다.

'현찰 사실 때'는 고객 관점의 용어인데 고객이 달러를 현금으로 바꿀 때 적용된다. 달러 관점에서는 '현찰 매도율'이라고 하며, 은행의 관점에서 달러를 매도하고 원화를 수취하는 행위이므로 '파는 값(Ask, Offer)'이라는 용어로도 표현된다. 반대로 '현찰 파실 때'는 달러와 은행의 관점에서 원화를 내어주고 달러를 받는 것이기 때문에 '현찰 매입율'이라고 하며, '매수 또는 입찰(Bid)'이라는 용어로도 표현된다.

은행과 고객 간의 실제로 현금을 주고받는 거래가 아닌 경우, 즉 물리적인 교환이 아니라 전산상의 환전이 이뤄질 경우에는 '전신환'이라는 단어를 쓴다. 전신환이란 본래 우체국의 송금 방식으로 우체국이 전신환증서를 전달하면 수취인이 이것을 우체국에 가지고 가서 '환금'하는 방식의 신용 거래를 뜻한다. 은행 거래가 활발하지 않던 시절에는 이렇게 우체국 전보로 돈을 주고받았는데, 이때 쓰인 용어가 지금까지 내려오는 것이다. '배달 사고'를 방지하기 위해 사용한 방식이라 생각하면 이해가 쉽다. 오늘날 현금을 은행 전산 시스템으로 송수신하는 방법 역시 맥락은 비슷하다.

고객이 타인에게 달러를 송금하기 위해 찾아오면, 은행은 달러로 된 전신환을 은행 시스템 내에서 고객에게 팔고 고객으로부터 '송금 보낼 때(전신환 매도율)' 환율을 적용해 원화를 매수한다. 이때 고객의 거래 상대방은 '송금 받을 때(전신환 매입율)' 환율로 은행 시스템 내에서 전신환을 수취하고 달러로 환전한다. 전신환 거래는 시스템 내에서 이뤄지므로 현금이 직접 오가지 않는 온라

스프레드의 개념

인 거래에 해당한다.

마지막으로 꼭 알아야 하는 개념으로 '스프레드(Spread)'와 우대율이 있다. 은행은 매매기준율을 그대로 적용하는 것이 아닌, 매도율과 매입율을 사용한다고 앞서 언급했다. 그럼 매매기준율과 해당 매도율, 매입율의 차이는 어떻게 책정될까? 은행은 일정 부분 마진을 붙여 매도율, 매입율을 산정하는데 이 간격을 스프레드라고 부른다. 보통 백분율로 계산되는 스프레드는 살 때와 팔 때가 같을 때도 있지만 시장 상황에 따라 다른 경우도 존재한다.

예를 들어 매매기준율이 1,200원이고 은행에서 매매기준율 대비 달러를 살 때는 1% 비싸게, 팔 때는 1% 싸게 판다고 가정해 보자. 이 경우 현찰 사실 때는 1달러=1,212원(1,200원+1,200원×1%)이고, 현찰 파실 때는 1달러=1,188원(1,200원-1,200원×1%)이다. 이 매매기준율에 적용되는 1%를 '외화현찰매매 스프레드'라고 한다.

스프레드는 다른 말로 '환전 수수료'라고 한다. 이 환전 수수

환율 스프레드 1%일 때

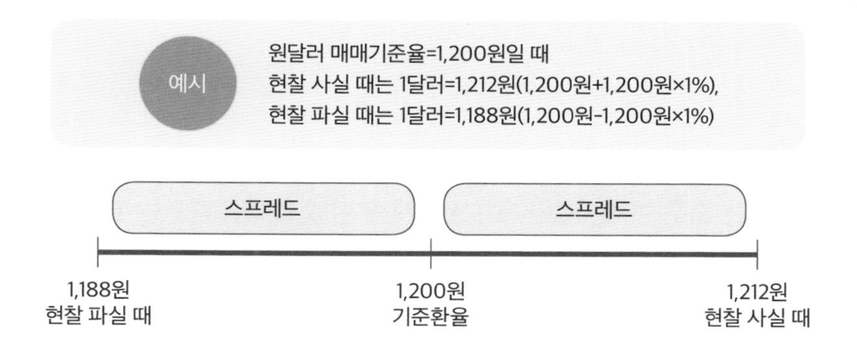

환율 스프레드 1%, 환율 우대 50%일 때

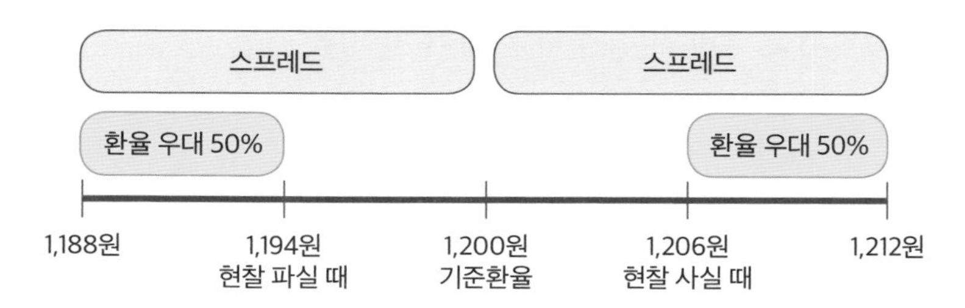

료를 할인해주는 것이 바로 '환율 우대'다. 은행은 가끔씩 출국을 앞둔 고객에게 환전 우대 쿠폰을 발송하거나 휴가철에 '환전 수수료 ○○% 우대'라는 문구로 이벤트를 진행하는데, 기준이 되는 모수가 바로 스프레드다. 예를 들어 매매기준율이 1,200원이고 스프레드가 1%일 때 환율 우대 50%를 받는다면, 스프레드는 1%의 절반인 0.5%만 적용된다.

해외 출장을 앞두고 출장비 300만 원을 달러로 환전하기 위해 은행을 찾았다고 가정해보자. 2023년 4월 마지막 주 어느 날 매매기준율은 1,335원이었다. 전일 서울외국환중개에서 고시한 환율은 1,335.05원이었으나 등락이 다소 있었다. 환전을 하려고 방문한 오후 매매기준율은 1,335.60원이었고 스프레드는 1.75%였다. 스프레드를 적용하면 원달러 환율은 1,358.97원이고, 출장비 300만 원을 그대로 환전하면 2,207달러를 받게 된다. 문득 얼마 전 받은 '환전 수수료 70%' 우대 쿠폰이 떠올라 할인을 받기로 한다. 그 결과 원달러 환율 1,342.61원에 환전을 진행해 2,234달러를 받게 된다. 무려 27달러 차이이다.

· 환율 우대 적용 수수료=스프레드×(1-할인율)
· 환율 우대 적용 환율(현찰 사실 때)=매매기준율+환율 우대 적용 수수료

여기서 잠깐!

실시간으로 매매기준율 확인하기

실시간 환율의 기준이 되는 매매기준율은 시시각각 변화하므로 환테크를 고려한다면 꾸준히 확인할 필요가 있다. 서울외국환중개㈜(www.

smbs.biz)에서 매매기준율 추이, 주요 통화 변동율 등을 손쉽게 확인할 수 있다. 매매기준율은 '환율 조회' 메뉴에서 '오늘의 환율'을 통해 확인 가능하다.

서울외국환중개㈜ '오늘의 환율' 화면

자, 그럼 알뜰하게 환전하는 노하우를 몇 가지만 알아보자. 먼저 은행 애플리케이션(이하 앱)을 활용하는 경우다. 시중은행은 대부분 앱에서 간단히 환전이 가능하다. 참고로 원하는 지점, 날짜를 지정하고 수령할 경우 환율 우대 폭이 확대된다. 해외여행 시 공항에서 달러를 수령할 때 편리한 방법이다. 다만 환전금액에 제한이 있고, 직접 수령하지 못할 경우 페널티가 있어 유의해야 한다.

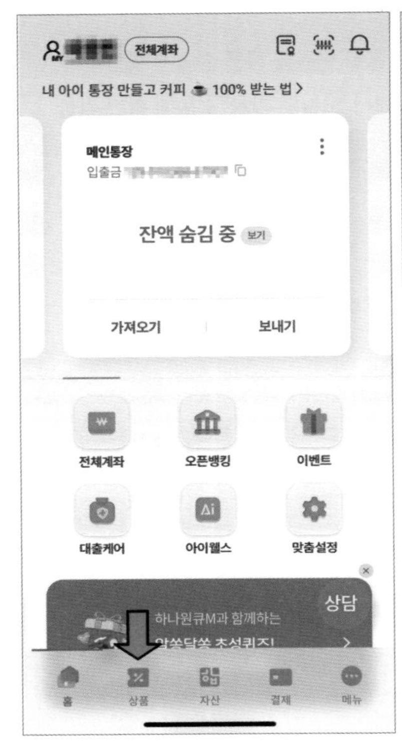

하나은행 앱 홈 화면(좌), 상품 화면(우)

하나은행 앱에서 환전을 진행해보자. 은행마다 앱의 이름, 환전 서비스명은 제각각이지만 방식은 대동소이하다. 시중은행의 경우 모바일 뱅킹을 이용하면 환전 수수료 우대율 90%로 환전이 가능하다. 하나은행 앱 홈 화면에서 '상품' 버튼을 누르고, '상품' 화면에서 '외환' 버튼을 누르면 외화 환전, 송금 등의 서비스를 이용할 수 있다. 참고로 하나은행 앱의 환전 서비스명은 '환전지갑'이다.

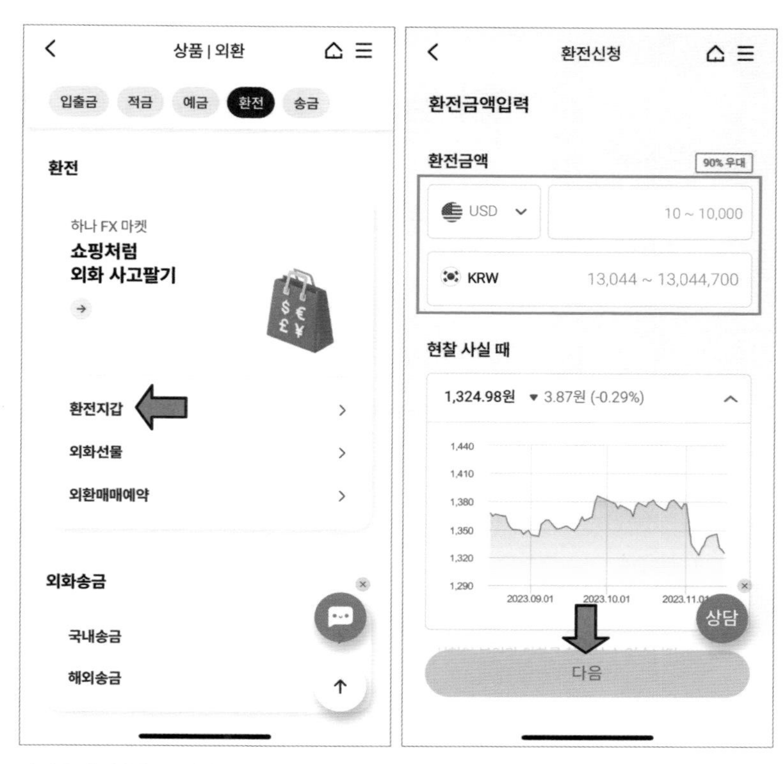

하나은행 앱 '상품>외환' 화면(좌), '환전지갑>환전신청' 화면(우)

'환전지갑' 버튼을 누르고 '환전신청'을 누르면 환전금액을 입력하는 화면이 나온다. 하단에는 '현찰 사실 때' 적용되는 원달러 환율 정보가 제공된다. '다음'을 누르면 환전이 진행된다. 이때 은행에서 발급한 환율 우대 쿠폰이 있다면 더 유리한 환율로 환전이 가능하다. 관련 이벤트는 은행 웹사이트에서 찾아볼 수 있다. 인터넷 검색만으로 간단히 이벤트 여부를 알 수 있으니 환전 전

하나은행 환율 우대 쿠폰

에 꼭 챙기기 바란다.

계열사의 신용카드를 소지한 고객을 대상으로 환율 우대 이벤트를 진행하기도 한다. 실제로 최근 하나카드 고객을 대상으로 주요 통화(달러, 유로, 엔) 최대 80%, 기타 통화 최대 30% 우대 이벤트를 진행한 바 있다. 예시 이미지는 '우대 코드'를 제공하는데, 이벤트에 따라 출력물이 필요한 경우도 있으니 염두에 두기 바란다.

국민은행 앱에서도 환전을 진행해보자. 국민은행 앱의 환전 서비스명은 '외화머니박스'다. 외화머니벅스를 이용하기 위해선 국민은행 앱 홈 화면에서 우측 상단 '메뉴' 버튼을 누르고, '외환' 화면으로 넘어가야 한다. '외환' 화면에서 '환전〉환전신청'을 누른다.

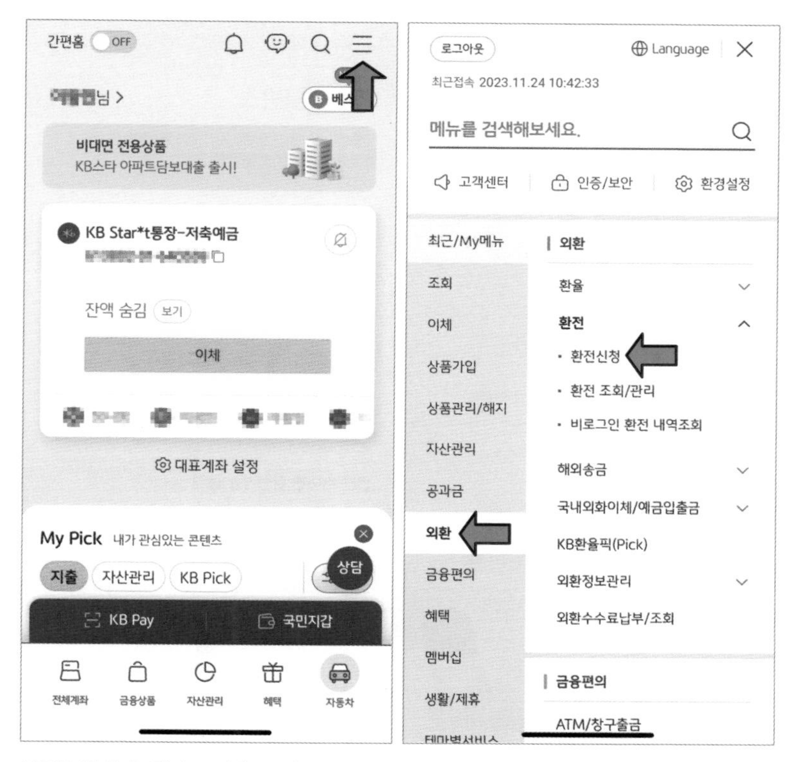

국민은행 앱 홈 화면(좌), '메뉴>외환' 화면(우)

국민은행 앱 '환전신청' 화면에서 '외화머니박스 서비스'를 누른다. '외화머니박스 서비스' 화면이 나오면 하단 '외화머니박스 입금' 버튼을 누른다. 앱을 통한 환전 진행 절차는 모든 시중은행이 비슷비슷하다.

참고로 은행에 직접 방문해 환전할 계획이라면 주민등록증, 운전면허증, 여권과 같은 실명확인증표를 지참해야 한다(단 100만

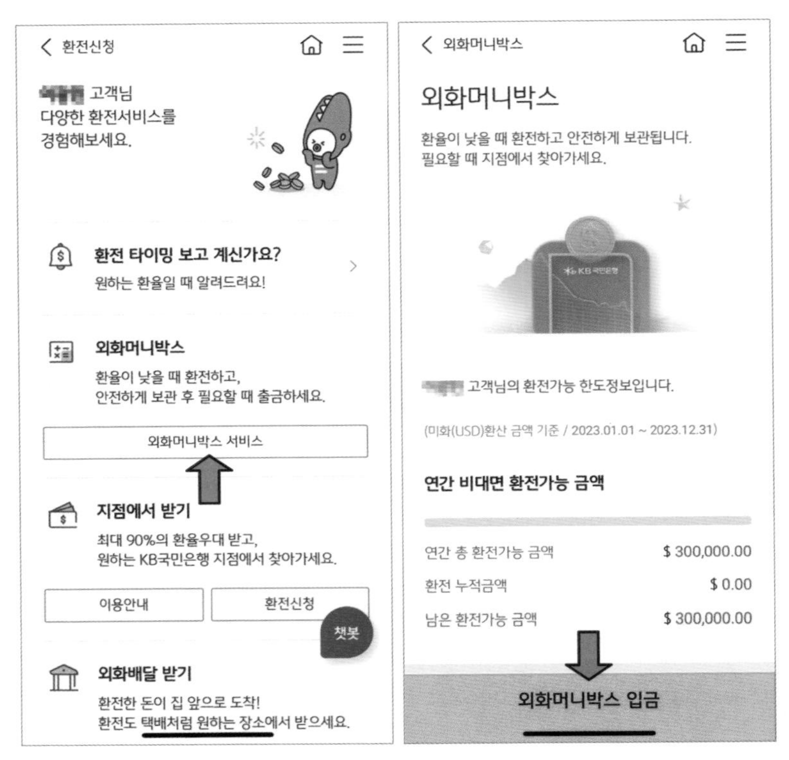

국민은행 앱 '환전>환전신청' 화면(좌), '외화머니박스 서비스' 화면 (우)

원 이하에 상당하는 환전은 실명확인증표 없이 가능하다). 환전금액이 1만 달러를 초과할 경우 국세청에 자동으로 통보되니 유의하기 바란다.

증권사 앱에서도 손쉽게 환전 서비스를 이용할 수 있다. NH투자증권 앱 '메뉴' 화면에서 '해외주식'을 누르고 '환전'을 누른 다음, 금액을 입력하고 하단 '예상금액 확인'을 누르면 환전을 진

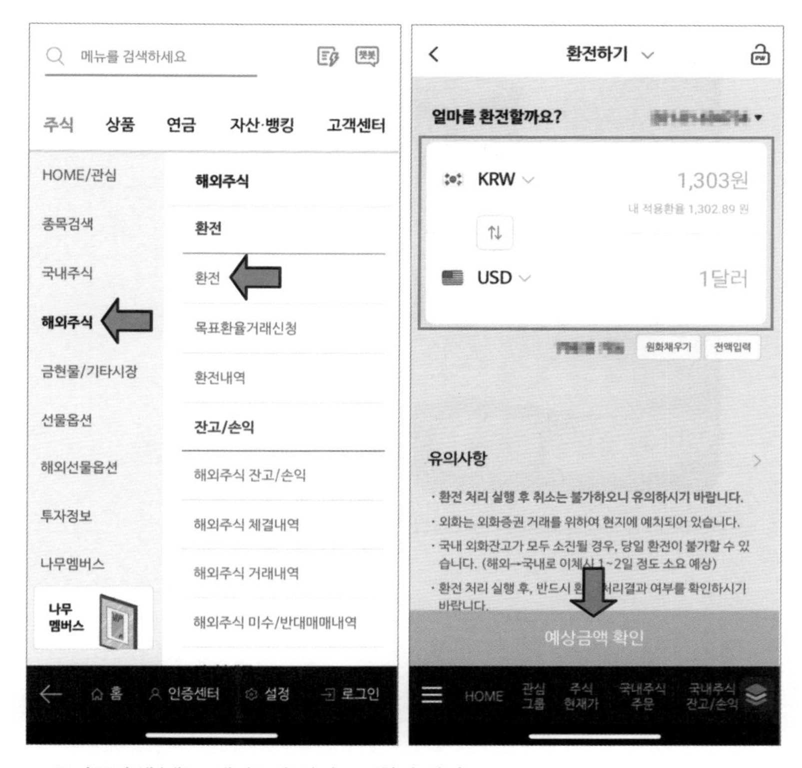

NH투자증권 앱 '메뉴>해외주식' 화면(좌), '환전' 화면(우)

행할 수 있다. 달러를 매도하고 싶다면 반대로 보유 통화를 달러로, 환전 통화를 원화로 선택하면 된다. 증권사의 경우 적용되는 환율이 시중은행에 비해 낮다는 장점이 있다. 다만 시중은행과 달리 거래 시간은 제한적이다.

관련 신용카드를 이용하는 방법도 있다. 해외에서 사용할 목적으로 발급되고 있는 이러한 카드는 국내에서도 사용할 수 있지

하나카드의 트래블로그(좌), 트래블월렛의 트래블페이 카드(우)

만 해외에서 사용할 경우 환율 우대 100%가 적용된다. 또 현지 ATM에서 돈을 뽑아 쓸 때 수수료가 붙지 않는다. 은행 앱과 연동이 가능해 필요한 만큼 바꿔 쓰거나 뽑아 쓸 수 있어 환전을 미리 할 필요도 없다. 다만 금액에 제한이 있고, 남은 달러를 다시 원화로 환전할 때는 수수료가 붙는다는 단점이 있다. 여행자를 위한 카드이다 보니 환율 우대뿐만 아니라 면세점 할인과 같은 다양한 여행 관련 혜택을 제공하는 것이 특징이다.

이처럼 환전에는 여러 가지 방법이 있지만 가장 중요한 것은 시중은행의 환전 수수료 우대 현황을 꾸준히 살펴보는 것이다. 은행연합회는 금융감독원과 함께 인터넷 환전과 환전 수수료 우대

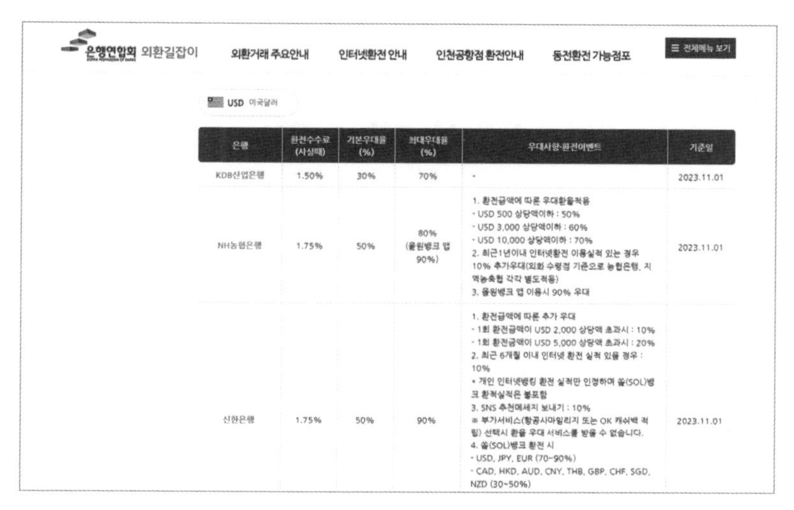

은행연합회 외환길잡이 | 외환거래 주요안내 | 인터넷환전 안내 | 인천공항점 환전안내 | 동전환전 가능점포 | 전체메뉴 보기

USD 미국달러

은행	환전수수료 (사실때)	기본우대율 (%)	최대우대율 (%)	우대사항·환전이벤트	기준일
KDB산업은행	1.50%	30%	70%	-	2023.11.01
NH농협은행	1.75%	50%	80% (올원뱅크 앱 90%)	1. 환전금액에 따른 우대환율적용 · USD 500 상당액이하 : 50% · USD 3,000 상당액이하 : 60% · USD 10,000 상당액이하 : 70% 2. 최근1년이내 인터넷환전 이용실적 있는 경우 10% 추가우대(외화 수령점 기준으로 농협은행, 지역농축협 각각 별도적용) 3. 올원뱅크 앱 이용시 90% 우대	2023.11.01
신한은행	1.75%	50%	90%	1. 환전금액에 따른 추가 우대 · 1회 환전금액이 USD 2,000 상당액 초과시 : 10% · 1회 환전금액이 USD 5,000 상당액 초과시 : 20% 2. 최근 6개월 이내 인터넷 환전 실적 있을 경우 : 10% * 개인 인터넷뱅킹 환전 실적만 인정하며 쏠(SOL)뱅크 환전실적은 불포함 3. SNS 추천메세지 보내기 : 10% ※ 부가서비스(항공사마일리지 또는 OK 캐쉬백 적립) 선택시 환율 우대 서비스를 받을 수 없습니다. 4. 쏠(SOL)뱅크 환전 시 · USD, JPY, EUR (70~90%) · CAD, HKD, AUD, CNY, THB, GBP, CHF, SGD, NZD (30~50%)	2023.11.01

은행연합회 외환길잡이 화면. 시중은행의 환전 수수료 우대 현황 정보를 제공한다.

율 등을 한눈에 편하게 확인할 수 있는 통합 안내서비스를 시행하고 있다. '은행연합회 외환길잡이'에서 은행별 주요 통화 수수료 우대율, 인터넷 환전 수수료 우대율 등을 공시하고 있다. 은행별로 우대 조건 등이 상세히 기재되어 있으니 참고하기 바란다.

달러 예금과 외화 RP

달러 정기예금은 은행별로, 상품별로
납입금액 한도와 조건이 다르기 때문에
큰 금액을 예치하는 경우 초기에 조건을 잘 따져봐야 한다.

가장 대표적인 달러 투자 방법은 국내 시중은행의 달러 예금을 이용하는 것이다. 일반적인 예금 금리는 금융감독원 금융상품통합비교공시(finlife.fss.or.kr)에서 확인 가능한 반면, 달러 예금은 일일이 찾아봐야 하기 때문에 비교·분석이 어려운 불편함이 있다. 아무래도 환율이 실시간으로 변하고, 미국 기준금리에 따라 예금 금리도 달라지다 보니 일반적인 원화 예금에 비해 다소 복잡한 부분이 있다. 그래도 검색을 통해 쉽게 현황을 파악할 수 있으니

4개 시중은행 달러 예금 상품(2023년 11월 기준)

구분	우리은행 외화정기예금	하나은행 외화정기예금	신한은행 외화정기예금	KB국민은행 외화정기예금
금리(%)	5.1348	5.1148	5.13101	5.22322

* 만기 12개월, 국내 거주자 기준

참고하기 바란다.

달러 보통예금, 즉 일반적인 입출금통장은 원화 보통예금과 마찬가지로 언제든 입출금이 가능한 구조이기 때문에 이자를 거의 줄 수 없다. 따라서 보관의 의미만 있고 오히려 은행에 따라 별도의 수수료를 내야 할 수 있어 추천하지는 않는다. 그러나 만기를 지정할 수 있는 정기예금은 다르다. 상품에 따라 추가 납입, 자동 예치 등의 조건을 선택할 수 있기 때문에 환변동을 충분히 감안해 분산 납입할 수 있고, 이자 수취도 분산해서 받을 수 있다. 물론 만기 전에 해지할 경우 정해진 이자를 받지 못하고, 만기를 짧게 설정하면 재예치해야 하는 번거로움은 있다.

달러 정기예금은 은행별로, 상품별로 납입금액 한도와 조건이 다르기 때문에 큰 금액을 예치하는 경우 초기에 조건을 잘 따져봐야 한다. 그리고 인터넷과 앱을 통해 가입하면 금리 우대를 받기도 한다.

외화 예금은 특이하게도 거주자와 비거주자의 금리가 달리 적용된다. '비거주자 외화 예금 유치 제도'에 따른 것으로, 경상수지 적자에 따른 외화 보유액 감소를 최소화하기 위해 1975년 2월부터 시행되고 있다. 이에 따라 은행은 183일 이상 국내에 거주한 거주자와 183일 미만 국내에 거주한 비거주자로 구분해 세금을 제외한 금리를 공시한다.

가장 중요한 것은 금리지만 다루는 통화도 은행별로 다르다. 외화 예금의 경우 달러뿐만 아니라 다른 통화도 예치할 수 있다. 하나은행을 제외하면 보통 11개 통화(USD, JPY, EUR, GBP, CAD, NZD, AUD, HKD, CHF, SGD, CNY)를 취급한다. 하나은행은 외환 전문 은행이었던 외환은행을 인수합병하면서 다양한 외화를 취급하고 있다. 실제로 하나은행의 예금 상품을 보면 7개 통화(SEK, DKK, NOK, KWD, RUB, AED, TRY)를 추가로 취급함을 알 수 있다. 물론 통화에 따라 환율과 환율 우대 조건 등은 상이하다.

이번에는 KB국민은행 앱을 통해 달러 예금에 가입해보자. 원달러 환율은 실시간으로 움직이기 때문에 빠른 대응을 위해서라도 앱을 통해 달러에 투자하는 것이 좋다. KB국민은행 앱에 접속해 오른쪽 상단 '메뉴' 버튼을 누르고, 메뉴 화면에서 '상품가입'을 누른다. '상품가입' 목록 중 '외화예적금'을 누르면 관련 상품을 확인할 수 있다.

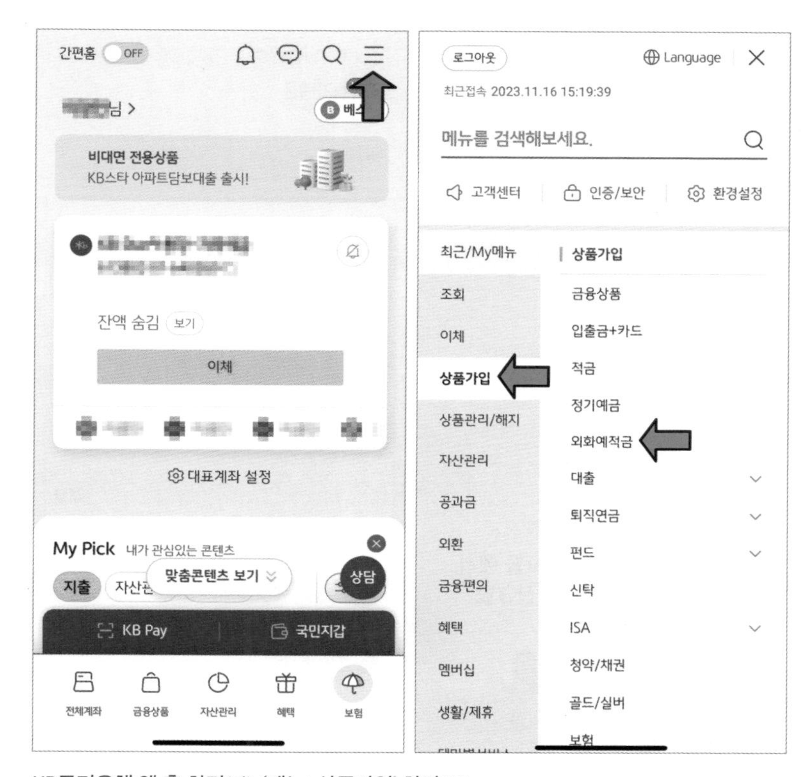

KB국민은행 앱 홈 화면(좌), '메뉴>상품가입' 화면(우)

'외화예적금' 목록에서 원하는 상품을 선택해 '가입' 버튼을 누른다. 여러 약관과 상품설명서를 꼼꼼히 확인한 다음 신규 가입 화면으로 넘어온다. '가입통화'는 'USD(미국 달러)'를 선택하고 금액과 기간을 입력한다.

달러 예금의 장점은 환차익을 보더라도 세금이 없다는 것이다. 이자 수익에 대한 이자소득세(15.4%)만 내면 된다. 예금자 보

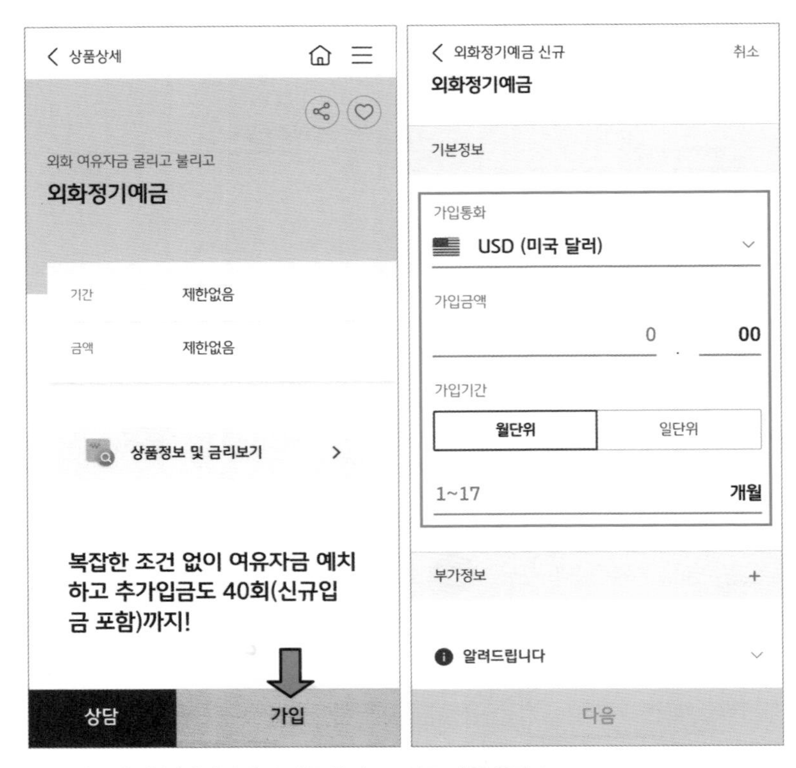

KB국민은행 앱 '외화정기예금' 상품 화면(좌), 신규 가입 화면(우)

호도 5천만 원까지 가능하다. 다만 원화 예금과 외화 예금을 합한 총액 기준이므로 원화 예금이 있다면 유의해야 한다. 예를 들어 원화 예금 3천만 원을 보유한 상황에서 달러 예금 3천만 원을 보유할 경우 5천만 원을 초과한 1천만 원에 대해서는 예금자 보호를 받을 수 없다.

은행에 외화 예금이 있다면 증권사에는 달러 RP가 있다.

예금자 보호 한도 예시

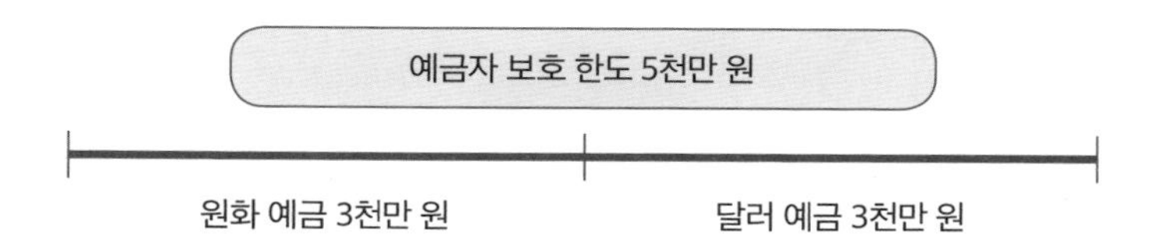

RP(Repurchase Agreement)란 환매조건부매매의 약자로 유가증권을 매수 또는 매도하고 일정 기간 후 매도 또는 매수하는 거래를 뜻한다. 실제 시장에서는 환매조건부채권으로도 쓰인다. 금융기관이 일정 기간 후에 금리를 더해 확정금리로 다시 사겠다는 조건으로 판매하는 채권을 말한다. 금융기관은 이러한 방식으로 보유한 채권을 고객에게 판매해 단기 현금을 만든다. RP 매수자는 여유자금을 단기간 운용해 확정이자를 받을 수 있고, 금융기관은 보유한 채권을 매각할 필요 없이 단기 현금을 만들 수 있다. 증권사에서 제공하는 '초단기 정기예금'이라고 보면 된다(예금자 보호 ×).

은행은 외화 예금을 상품으로 꾸려 팔 수 있지만 증권사는 여유자금을 굴릴 별도의 상품을 구성해야 한다. 은행의 외화 예금과 증권사의 RP는 비슷한 부분이 많지만 RP에 납입된 돈은 5천만 원 예금자 보호에 해당하지 않는다. 외화 RP는 크게 '수시형'과 '약정형'으로 나뉜다(증권사에 따라 명칭은 다를 수 있다). 수시형은 언제든 돈을 빼서 쓸 수 있는 외화 보통예금과 비슷하고, 약

RP의 구조

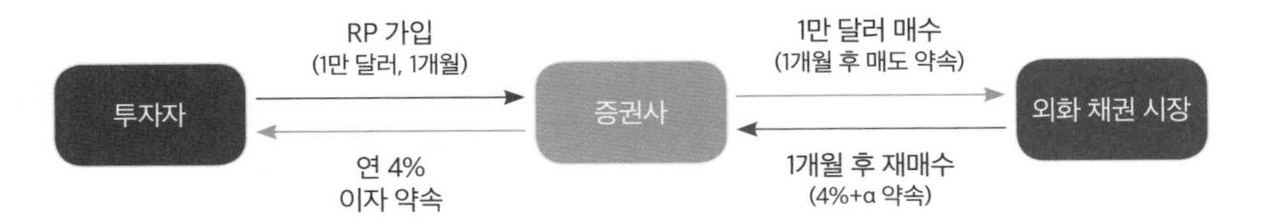

정형은 기간을 정해놓은 외화 정기예금과 비슷하다. 당연히 금융기관은 운용 기간을 사전에 알 수 있는 약정형에 더 높은 금리를 준다.

고객이 외화 RP에 가입하면 증권사는 확정금리를 보장하는 조건으로 고객의 현금을 가져다 쓰고, 일정 기간 이후 이자를 얹어 고객에게 준다. 세금은 여느 예금과 같이 이자소득세(15.4%)만 부과되며 환차익은 비과세다.

외화 RP의 4가지 특징을 정리하면 이렇다. 첫째, 약정 수익을 보장한다. RP는 채권을 기반으로 약속된 이자율이 명시되어 있다. 다만 달러 RP의 경우 환차손이 나는 경우도 있으니 주의해야 한다. 둘째, 환금성이 좋다. 수시형의 경우는 당연하고, 약정형일지라도 가입 기간이 다양해 자금 사정에 따라 계획을 수립할 수 있다. 셋째, 리스크가 낮다. 원금 보장은 아니지만 약정 이율에 초점이 맞춰져 있기 때문에 국채 등 높은 등급의 채권에 투자하는 것이 특징이다. 특히 원화 RP라면 A등급 이상의 회사채 위주고 그

마저도 신용 보강을 하는 경우도 있어 리스크는 매우 낮다. 외화 RP일지라도 리스크를 최대한 낮추는 운용을 하는 것이 일반적이다. 넷째, 보유한 달러를 활용하면 환전, 재환전 수수료를 줄일 수 있다.

대신증권 앱을 통해 달러 RP를 거래해보자. '메뉴' 버튼을 누르고 '금융상품' 목록에서 '외화표시RP매매'를 누른다. 통화, 약

대신증권 앱 '메뉴>금융상품' 화면(좌), '외화표시RP매매' 화면(우)

대신증권 달러 RP 상품(2023년 11월 기준)

구분	금리(%)
수시	3
7~30일	3.2
31~60일	3.3
61~90일	3.4
91~180일	3.5
181~365일	3.6

* 약정형 매매는 7~365일까지 가능, 약정일 이후 매도 시 수시형으로 전환해 그에 따른 이율 적용

정, 금액, 기간을 설정하고 하단에 '매수' 버튼을 누르면 간단히 외화 RP를 매입할 수 있다. 증권사별로 운용 역량, 방법, 시점 등에 따라 금리가 다르니 꼼꼼히 확인해보기 바란다. 참고로 2023년 11월 기준 대신증권은 달러 RP를 통해 최대 3.6%의 확정이자를 제공하고 있다.

ETF를 통한 달러 투자

지금부터는 실제 달러가
생생히 움직이는 시장에
투자하는 방법을 알아보겠다.

앞서 달러 예금과 RP를 통해 달러자산을 보유하는 방법에 대해 살펴봤다. 환변동은 있겠지만 고정금리를 추구하는 대표적인 수단에 해당한다. 지금부터는 실제 달러가 생생히 움직이는 시장에 투자하는 방법을 알아보겠다. 자산을 보유한다는 표현보다는 '투자'라는 표현이 더 합리적일 것이다.

가장 손쉬운 투자 방법으로는 ETF가 있다. ETF의 정식 명칭은 '상장지수펀드(Exchange Traded Fund)'다. 말 그대로 시장에

국내상장 달러 ETF(2023년 5월 기준)

이름	운용사	보수 (%)	순자산 (백만 원)	출시일	비고
KODEX 미국달러선물	삼성 자산운용	0.28	90,369	2016년 12월	한국거래소 미국달러선물지수 추종
KODEX 미국달러선물레버리지	삼성 자산운용	0.48	33,687	2016년 12월	한국거래소 미국달러선물지수 2배 추종
KODEX 미국달러선물인버스	삼성 자산운용	0.48	47,147	2016년 12월	한국거래소 미국달러선물지수 역추종
KODEX 미국달러선물인버스2X	삼성 자산운용	0.48	87,144	2016년 12월	한국거래소 미국달러선물지수 2배 역추종
TIGER 미국달러선물레버리지	미래에셋 자산운용	0.08	14,076	2016년 12월	한국거래소 미국달러선물지수 2배 추종
TIGER 미국달러선물인버스2X	미래에셋 자산운용	0.09	29,634	2016년 12월	한국거래소 미국달러선물지수 2배 역추종
KODEX 미국달러SOFR금리액티브	삼성 자산운용	0.15	232,676	2023년 4월	달러 SOFR 추종
ACE 미국달러SOFR금리	한국투자 신탁운용	0.05	26,946	2023년 4월	달러 SOFR 추종

자료: 각사 사이트

상장되어 거래되는 펀드를 의미한다. 수년 전만 하더라도 국내 개인 투자자는 ETF에 거의 투자하지 않았다. 2019년 국내 개인 투자자가 순매수한 ETF 규모는 3,800억 원 수준에 불과했는데, 최근 급격히 성장해 2021년에는 9조 8천억 원 수준까지 증가했다. 순매수 규모만 놓고 보면 해당 기간 25배나 늘어난 것이다.

주식과 마찬가지로 ETF는 거래소에 상장되어 있어 간편하게 매매가 가능하다. 다만 달러 ETF의 경우 투자 시 주의가 필요한 부분이 있다. 국내 거래소에 상장한 달러 ETF와 해외 거래소에 상장한 달러 ETF를 비교해보면, 비슷한 상품처럼 보이지만 성격이 완전히 다르다.

먼저 국내상장 달러 ETF의 경우 국내 주식과 마찬가지로 오전 9시부터 오후 3시 30분까지 매매가 가능하다. 국내상장 달러 ETF는 크게 한국거래소 미국달러선물지수(F-USDKRW Index)를 추종하는 상품과 해당 지수의 일일 성과 2배를 추종하는 레버리지 상품, 이와 반대 흐름에 투자하는 인버스와 인버스 레버리지 상품으로 나뉜다. 그리고 최근에는 미국 초단기 금리 SOFR(Secured Overnight Financing Rate)을 추종하는 상품도 출시되었다.

여기서 잠깐!

미국달러선물지수, SOFR이란?

미국달러선물지수란 한국거래소(KRX) 달러 선물 시장에 상장된 최근월 종목의 가격을 대상으로 산출하는 지수를 일컫는다. 최근월종목 만기 도래 시 차근월종목으로 교체함으로써 달러 선물 가격을 연속성 있게 나타냈다. 2007년 1월 2일을 기준(1,000.00p, 산출 주기 2초, 산출 시간 9시 1분 ~15시 45분)으로 삼는다. 다만 최근월종목의 최종 거래일로부터 직전 2거래일에서 직전 거래일까지는 최근월종목과 차근월종목을 함께 이용하며, 최종 거래일에는 최근월종목이 아닌 차근월종목을 이용한다.

SOFR이란 1일간 미국 국고채를 담보로 하는 하루짜리 RP 거래에 기반한 단기 금리를 말한다. 뉴욕 연방준비은행이 고시하는 단기 금리로, 실제 거래 금리를 바탕으로 결정되므로 리보(LIBOR, 영국 런던에서 우량 은행끼리 단기 자금을 거래할 때 적용하는 금리)보다 신빙성이 높다고 평가된다.

미국달러선물지수를 추종한다는 것은 달러 대비 미래 원화 예상가에 투자한다는 의미다. 은행에서 달러를 환전해 달러 보통 예금에 보관하거나, 달러를 실물로 보유하는 것과 크게 다르지 않게 느껴지기도 한다. 다른 점은 실제로 환율의 방향성이 정해지면 이러한 선물의 가격이 더 높게 또는 더 낮게 움직인다는 것이다. 선물지수를 추종하는 ETF의 경우 일일 수익률을 추종하다 보니 괴리율이 발생할 수 있어 상승장에서는 더 좋을 수도 있고, 반대로 하락장에서는 더 나쁠 수도 있다.

참고로 ETF는 괴리율이란 것이 존재한다. 괴리율은 시장에서 거래되는 ETF의 가격과 추정순자산가치 사이에서 발생하는 갭을 비율로 매긴 값이다. 괴리율이 크다는 것은 시장 가격이 추정순자산가치 대비 높다는 뜻이다. 다시 말해 고평가 상태라는 의

미다. 반대로 괴리율이 마이너스라면 시장 가격보다 추정순자산 가치가 높다는 것으로 저평가 상태라는 의미다. 'KODEX 200'과 같이 거래량이 많은 ETF는 괴리율이 ±0.5% 수준에서 아주 미미한 반면, 거래량이 적은 ETF는 괴리율이 ±1% 이상인 경우도 있어 이 부분도 매매 전에 반드시 확인해야 한다.

원화 100만 원을 2023년 1월 초부터 3월 말까지 3개월 이내 짧은 기간 운용해야 한다고 가정해보자. 달러 정기예금과 국내상장 달러 ETF 중 어떤 방법이 효율적일까? 하나은행이 고시한 원달러 환율을 기준으로 계산해보자.

하나은행이 고시한 원달러 환율

기간	2023년 1월 2일	2023년 3월 31일
고시 환율	현찰 사실 때: 1,289.47원 현찰 파실 때: 1,245.13원 송금 보낼 때: 1,279.70원 송금 받을 때: 1,254.90원	현찰 사실 때: 1,332.92원 현찰 파실 때: 1,287.08원 송금 보낼 때: 1,322.80원 송금 받을 때: 1,297.20원

달러 정기예금에 가입할 경우 '송금 보낼 때' 환율(1,279.7원)을 적용해 약 781.43달러를 예치할 수 있다(우대 및 제비용은 배제한다). 2023년 1월 초 달러 정기예금 금리는 4.0539%였다(3개월 미만 예치 시). 3개월 뒤 이자는 7.37달러를 기대할 수 있다. 거치

기간을 고려한 수익률은 약 0.94%다. 여기에 환차익, 환차손도 고려해야 한다. 예금을 원화 계좌로 예치하는 조건이라면 '송금 받을 때' 환율(1297.2원)을 적용해 최종적으로 환차익 약 1.38%를 포함한 102만 3,231원을 수령하게 된다. 정리하면 총 2.32%의 이익 중 환차익은 1.38%, 이자 수익은 0.94%다.

이번에는 해당 기간 'KODEX 미국달러선물' ETF에 투자했다고 가정해보자. 물론 환차익에 SOFR 이자까지 주는 'KODEX 미국달러SOFR금리액티브' 또는 'ACE 미국달러SOFR금리'에 투자하는 것이 합리적이나, 최근 출시된 상품이므로 비교군에서 제외하겠다. 'KODEX 미국달러선물' ETF를 2023년 1월 2일 종가에 매입하고, 3월 28일 종가에 매도할 경우 최종 수익률은 2.99%다. 다만 개인 투자자가 종가로 매수, 매도를 진행하기 어렵다는 점을 고려하면 수익률은 이보다 적을 수 있다.

2023년 1월 2일 종가를 100p로 환산해 'KODEX 미국달러선물' ETF, 미국달러선물지수, 원달러 환율을 비교한 차트를 보면 ETF와 실제 지수 간 괴리를 확인할 수 있다. 실제 환율의 변동폭은 2%, 미국달러선물지수는 2.44%인 반면, ETF는 2.99% 상승했다. 이처럼 유동성이 몰리거나 상승 탄력이 붙은 자산을 다루는 ETF의 경우 비교군 대비 더 높은 상승률을 보일 수 있다. 반대로 하락 모멘텀에서는 손해가 확대되겠지만 말이다.

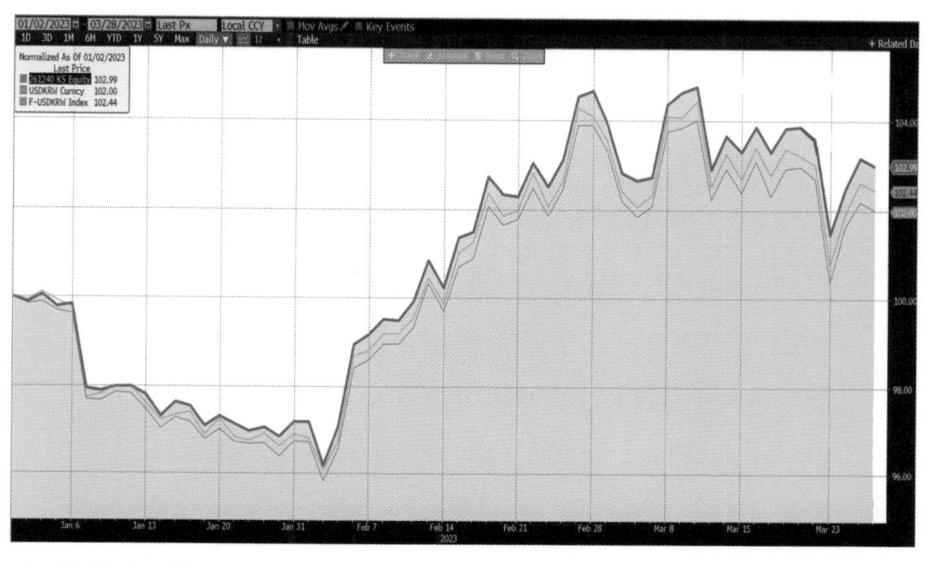

2023년 1월 2일~3월 28일 KODEX 달러 ETF(검은색), 미국달러선물지수(파란색), 원달러(붉은색) 환율 추이

자료: 블룸버그

결론적으로 해당 기간 달러 정기예금의 수익률은 2.32%, 국내상장 달러 ETF의 수익률은 2.99%를 기록했다. 환율의 방향이 어느 정도 가늠이 된다면 국내상장 달러 ETF가 좋은 투자 수단임은 분명해 보인다. 환율의 방향성을 예측하기보다는 보수적으로 달러를 보관하고 저장하는 데 의미를 둔다면 달러 정기예금이 안전할 수 있다.

만일 SOFR을 추종하는 달러 ETF에 투자했다면 어땠을까? 정상적으로 운용되었다면 해당 기간 수익률은 약 3%로 이자까지 포함해 일반 국내상장 달러 ETF보다 소폭 높았을 것이다. 좀 더 규모가 확대되고 벤치마크를 괴리 없이 추종한다면 SOFR 추종 ETF도 좋은 투자처라고 생각한다.

SOFR 달러 ETF의 장점은 크게 3가지다. 첫째, 안정성이 뛰어나다. SOFR은 1일간 미국채를 담보로 한 RP의 금리이다 보니 대표적인 무위험 지표 금리로 꼽힌다. 둘째, 장기 투자가 용이하다. 일반적인 달러 ETF와 달리 복리 이자를 받을 수 있기 때문에 장기 자금 관리에 유리하며, 달러 정기예금과 달리 거래소에서 상시 거래되므로 예치금을 고정할 필요도 없다. 셋째, 연금 투자가 가능하다. 퇴직연금인 DC, IRP 계좌에서 최대 70%, 연금저축 계좌에서는 100%까지 투자가 가능하다. 연금 투자 시 배당소득세 15.4%가 아닌, 3.3~5.5%의 낮은 연금소득세가 적용되어 절세 효과를 누릴 수 있다.

이번에는 해외상장 달러 ETF에 대해 알아보자. 국내상장 달러 ETF가 한국거래소 미국달러선물지수를 추종한다면, 뉴욕증권거래소 상장 달러 ETF는 DXY 선물을 추종한다. DXY는 앞서 설명했듯이 유로, 엔, 파운드, 캐나다 달러, 스웨덴 크로나, 스위스 프랑을 기준으로 달러의 가치를 나타내는 지표다. 이를 기반으로 만든 선물을 추종하는 상품이 뉴욕증권거래소에 상장되어 있다. 비교를 위해 달러의 가치를 추종하는 ETF뿐만 아니라 달러 대비

해외상장 외화 ETF(2023년 5월 기준)

티커	이름	운용사	보수 (%)	순자산 (백만 달러)	출시일	비고
UUP	Invesco DB US Dollar Index Bullish ETF	인베스코	0.79	763	2007년 2월	DXY 추종
USDU	WisdomTree Bloomberg U.S. Dollar Bullish Fund	위즈덤트리	0.50	245	2013년 12월	글로벌 통화 대비 달러 환율 추종
UDN	Invesco DB US Dollar Index Bearish ETF	인베스코	0.75	93	2007년 2월	DXY 역추종
FXY	Invesco CurrencyShares Japanese Yen Trust	인베스코	0.40	296	2007년 2월	달러 대비 엔 환율 추종
FXE	Invesco CurrencyShares Euro Currency Trust	인베스코	0.40	294	2005년 12월	달러 대비 유로 환율 추종
FXF	Invesco CurrencyShares Swiss Franc Trust	인베스코	0.40	198	2006년 6월	달러 대비 스위스 프랑 환율 추종
FXC	Invesco CurrencyShares Canadian Dollar Trust	인베스코	0.40	101	2006년 6월	달러 대비 캐나다 달러 환율 추종
FXB	Invesco CurrencyShares British Pound Sterling Trust	인베스코	0.40	102	2006년 6월	달러 대비 파운드 환율 추종
EUO	ProShares UltraShort Euro	프로쉐어즈	0.95	55	2008년 11월	달러 대비 유로 환율 2배 역추종

타 통화의 가치를 추종하는 ETF도 함께 살펴보겠다.

참고로 해외상장 달러 ETF는 해외 거래소를 이용하기 때문에 미국 주식과 마찬가지로 한국 시간으로 밤 11시 30분부터 다음 날 새벽 6시까지 매매가 가능하다. 서머타임 적용 시 거래 가능 시간은 밤 10시 30분부터 다음 날 새벽 5시로 변경된다. 서머타임이란 말 그대로 '여름'에 해당되는 기간으로 해가 긴 하절기에 원래 시간보다 1시간 앞당겨 생활하는 것을 말한다.

인베스코가 운용하는 UUP ETF, 위즈덤트리가 운용하는 USDU ETF가 글로벌 주요 통화 대비 달러 환율을 추종하는 상품이다. 인베스코의 UUP ETF는 DXY를 추종하는 만큼 DXY와 매우 유사한 흐름을 보인다. DXY의 경우 유로의 비중이 매우 높다 보니 USDU ETF는 이를 보완하기 위해 DXY와는 다른 비중으로 달러의 가치를 측정한다. 호주 달러, 인도 루피, 한국 원 등 신흥국 통화도 비교군에 포함되어 있다.

만약 DXY를 반대로 추종하고 싶다면 UDN ETF에 투자하면 된다. 다만 인버스, 레버리지 펀드의 경우 장기 투자에는 적합하지 못하다. 인버스, 레버리지 상품은 기초지수가 연이어 하락하거나 상승하는 구간에서만 유리하다. 기초지수가 횡보하거나 등락을 거듭 반복할 경우 손실률만 키울 수 있어 달러 약세에 베팅하고 싶다면 차라리 DXY 내 비중이 높은 유로(FXE ETF), 엔(FXY ETF)의 강세에 투자하는 것이 합리적으로 보인다.

DXY의 변동성이 가장 컸던 대표적인 시기인 2022년 1~9월 지표를 살펴보자. 해당 기간 DXY는 무려 15% 이상 상승했고 이에 따라 주요 선진국 환율도 요동쳤다. DXY는 정확히 16.53%

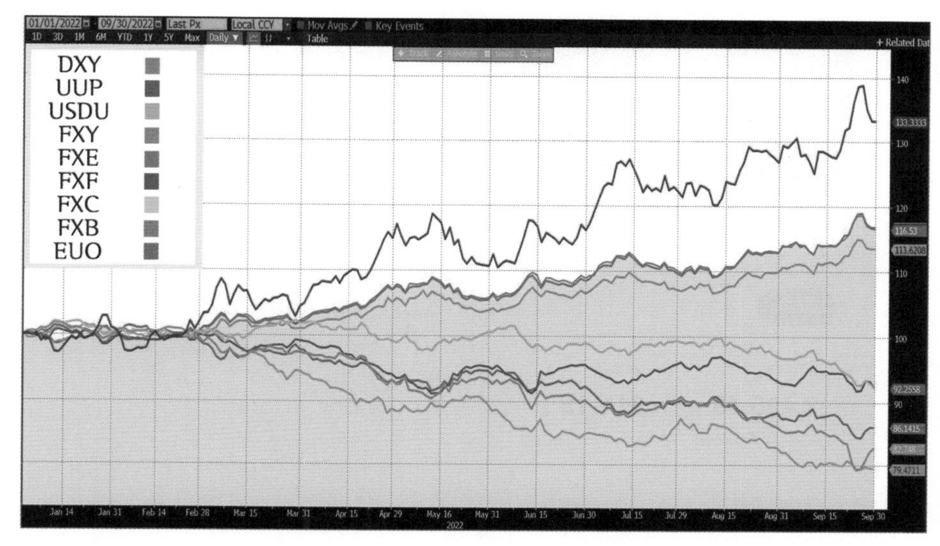

DXY, UUP, USDU, FXY, FXE, FXF, FXC, FXB, EUO 추이. 2022년 1월 3일 기준(100p)으로 2023년 9월 30일 성과가 제일 나쁜 ETF는 FXY(79.4711p)이며, 제일 좋은 ETF는 EUO(133.33p)다.

자료: 블룸버그

상승했고, 이를 추종하는 UUP ETF는 16.9% 상승하며 유사한 흐름을 보였다. 다른 글로벌 통화 대비 달러의 가치를 추종하는 USDU ETF의 경우 이보다는 약 3% 낮은 움직임을 보였다. 운용 방식의 차이로 이해하면 될 것 같다.

해당 기간 엔을 추종하는 FXY ETF는 −20.5%, 유로를 추종하는 FXE는 −13.8%, 각각 스위스 프랑과 캐나다 달러를 추종하는 FXF ETF와 FXC ETF는 −7.7%, 파운드를 추종하는 FXB는 −17% 움직였다. 달러의 강세가 강했던 만큼 타 통화의 약세가

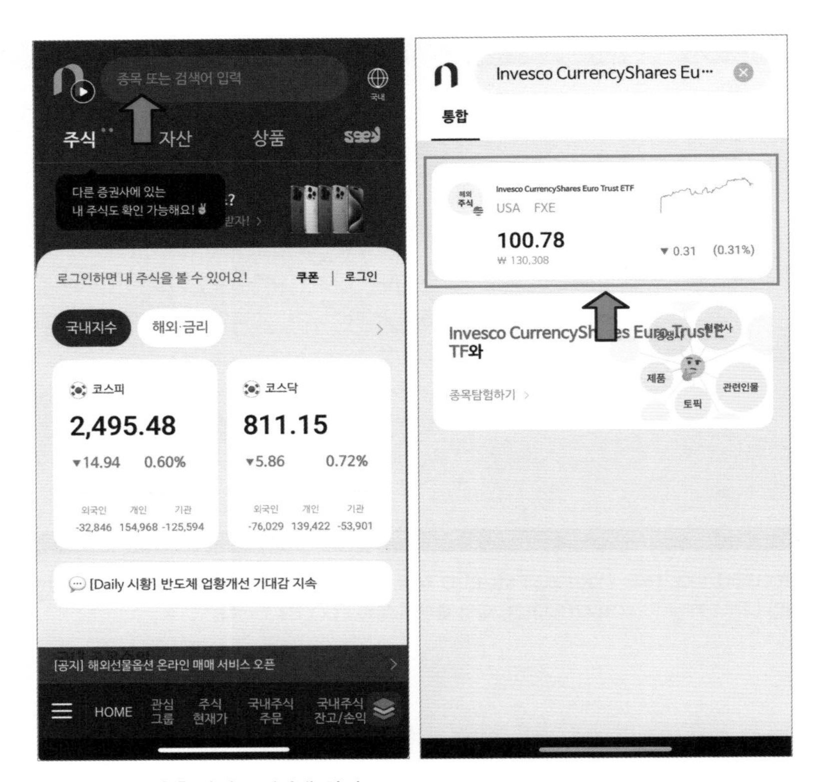

NH투자증권 앱 홈 화면(좌), '검색' 화면(우)

두드러지는 모습이다. 유로의 하락에 2배 베팅하는 EUO ETF는 33.33% 올랐는데, 굴곡 없이 흐름이 한 방향으로 지속되는 국면에서는 초과수익이 나는 레버리지 ETF의 특성을 여실히 보여준 결과였다.

이처럼 달러의 강세는 주요 통화의 약세로 이어진다. 해외상장 달러 ETF의 경우 달러로 환전해서 투자해야 하므로 달러가

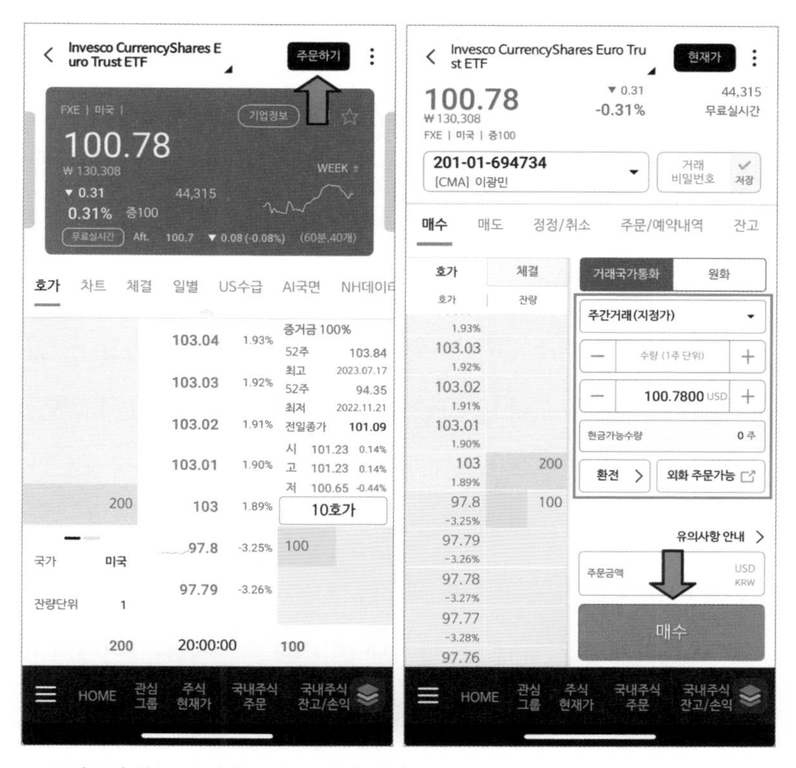

NH투자증권 앱 'FXE' 화면(좌), '주문하기' 화면(우)

강세를 연출하는 상황에서는 UUP ETF와 같은 자산을 장기적으로 매수하는 것이 좋다. 반대로 달러가 약세로 돌아서거나 하향세라면 다른 주요국 통화를 적절히 배분해 보유하는 것이 합리적인 선택이다.

이번에는 NH투자증권 앱에서 ETF를 주문해보자. ETF는 주식과 마찬가지로 실시간 거래가 가능하다. NH투자증권 앱에 접속해 상단 검색창 '종목 또는 검색어 입력'을 누르고, 'FXE' 또는 'Invesco CurrencyShares Euro Currency Trust ETF'를 입력한다. '검색' 화면에서 FXE ETF를 눌러 다음 화면으로 넘어간다.

NH투자증권 앱의 FXE ETF 화면에서 호가, 차트 등 여러 정보를 확인할 수 있다. 오른쪽 상단 '주문하기' 버튼을 누르면 '매수' '매도' '정정/취소' '주문/예약내역' '잔고' 등을 확인할 수 있다. 매수 화면에서 수량, 주문금액 등을 입력한 다음 오른쪽 하단 '매수' 버튼을 누르면 해당 ETF를 매입할 수 있다. 국내상장 ETF도 거래 과정은 동일하다.

참고로 ETF 자체의 운용 보수도 중요하지만 수익에 따른 세금도 꼼꼼하게 따져봐야 한다. 국내상장 ETF는 배당과 시세차익에 대해 15.4%의 세금을 부과한다. 또 매매차익이 다른 금융상품

국내상장 ETF와 해외상장 ETF 세금 비교

구분	국내상장 ETF	해외상장 ETF
증권거래세	비과세	해외 시장에 따라 다름
분배금 과세	15.4%(배당소득세 14%+지방소득세 1.4%)	15.4%(배당소득세 14%+지방소득세 1.4%)
매매차익 과세	Min(매매차익, 과표 증분)×15.4%, 주식형 ETF는 없음	양도소득세(시세차익의 22%, 250만 원까지 공제)
금융종합소득과세	포함	미포함

의 이자·배당 소득과 합산해 연간 2천만 원을 넘으면 금융종합소득과세 대상이 된다. 반면 해외상장 ETF는 배당소득에 대해서만 15.4%를 부과한다. 매매차익은 250만 원까지 비과세이며, 이후 차익에 대해서는 22%를 부과하지만 금융소득종합과세에는 포함되지 않는다.

달러의 비중은 어느 정도가 좋을까? ①

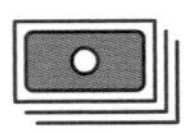

월급을 받는 직장인이라면
생활비를 제외한 일부 자금은
정기적으로 달러로 예치할 필요가 있다.

아무리 타 통화가 기축통화의 패권을 견제한다고 해도 한동안 달러의 아성을 넘기란 쉽지 않아 보인다. 누누이 강조했듯이 달러야말로 세상에서 가장 안전한 통화라고 할 수 있다. 안전하다는 건 다시 말해 아무리 어려운 상황이 와도 타 통화 대비 달러의 상대 가치가 우위에 있다는 뜻이다. 그렇다면 바다 건너 대한민국에서 살고 있는 우리는 달러를 어느 정도 보유하는 것이 좋을까? 달러를 얼마만큼 보유해야 자산관리에 있어 '안전한' 상황이라 느낄 수 있을까?

달러의 가치를 나타내는 DXY를 돌아보면 등락은 있었지만 지난 10년간 약 20% 넘게 상승했음을 알 수 있다. 20년 이상으로 기간을 늘려도 10%를 상회한다. 그럼 원화의 가치는 어떨까? 원달러 환율을 기준으로 원화는 30년간 약 40%, 지난 20년간 약 10% 하락했다. 단순히 환율의 등락으로 '가치'를 논하는 것이 모순일 수 있으나 부정할 수 없는 사실은, 물가가 올라 '돈' 자체의 가치가 꾸준히 하락했다 해도 달러가 원화보다 덜 하락했다는 것이다. 이 점 하나만으로도 달러 투자는 당위성을 가진다. 그래야 원화의 하락을 조금이나마 상쇄할 수 있기 때문이다.

구매력 측면에서 보면 코로나19 팬데믹, 러시아-우크라이나 전쟁으로 미국의 인플레이션이 한국보다 높은 수준으로 발생한 것은 사실이다. 달러의 가치가 명목상 다른 통화 대비 우위에 있다고 해도 물가가 상승하면 화폐의 가치가 떨어질 테니 전망이 부정적인 것은 분명하다. 그런데 앞으로도 과연 상황이 그대로일까? 미국 경제가 제자리를 찾고 달러의 지위가 한결 더 굳건해질 가능성도 여전히 높다. 그날이 오면 "역시 달러야!" 하는 외침이 여기저기에서 들릴 것이다.

물론 현실적으로 한국에서 개인이 화폐의 50% 이상을 또는 자산의 50% 이상을 달러로 보유하기란 쉬운 일이 아니다. 한국에 살면 원화를 쓰기 마련이고, 달러의 가치를 원달러 환율이 아닌 DXY 측면에서 받아들이는 것도 쉽지 않다. 따라서 자신의 생각과 상황, 환경 변수를 고려해 접근할 필요가 있다. 목적과 시점에 따라 달러의 용도는 크게 '보유'와 '투자'로 나뉜다.

달러를 고정적으로 확보하는 것이 목적이라면 '보유'에 해당하고, 달러를 기반으로 자산을 전반적으로 증대할 목적이 있다면 '투자'에 해당한다. 예를 들어 원화 현금이 충분한 상태에서 자녀 유학비를 송금해야 하거나, 해외에 있는 친인척에게 돈을 입금하거나, 해외 주재원으로서 국내 자산을 해외로 반출해야 한다면 보유 목적이라고 할 수 있다. 반대로 뚜렷한 목적성은 없지만 장기적으로 자산 증대를 원한다면 투자 목적이라고 할 수 있다. 물론 보유와 투자의 개념을 혼용해 유연하게 움직일 가능성도 높다. 또 보유 목적이라 할지라도 장기적인 관점에서 보면 투자에 가까울 수 있다.

원화 현금이 충분히 있는 상황에서 정말 그냥 '보유'만을 원한다면 효과적인 환전에 집중하면 된다. 시의성을 고려해 움직이기 힘든 상황이라면 달러 예금, RP를 정기적으로 활용할 필요가 있다. 현금의 일부를 정기적으로 불입해 현금흐름을 만드는 것이다. 금리는 매번 다를 수 있지만 환차손이 발생하더라도 이자가 이를 일부 상쇄할 것이기 때문에 장기적으로 보면 효율적이라고 생각한다. 예를 들어 내년에 해외로 가족여행을 다녀올 계획이라면 지금부터 만기를 고려해 달러 예금, RP로 환전 및 예치를 반복하는 것이다. 만일 내년까지 원화가 10% 이상 무조건 절하될 것이라는, 원달러 환율이 오를 것이라는 확신이 있다면 은행에서 환전 우대를 받고 한꺼번에 환전하는 방법도 있다.

원화 자금과 시간만 있다면 '보유'는 그다지 복잡하지 않다. 문제는 시간은 있는데 자금은 부족한 경우다(시간도 없다면 도박이다). 이 경우 꾸준히 투자를 통해 부족한 자금을 메우거나, 정기적인 수입과 급여를 일부 축적할 필요가 있다. 만약 특정 시점에 필요한 액수가 정해져 있다면 어떻게 달러자산을 모으고 관리하는 것이 좋을까? 자녀가 훗날 유학을 가야 해서 만만치 않은 목돈이 필요할 수도 있고, 해외에 있는 친인척에게 정기적으로 외화를 송금해야 할 수도 있다. 둘 다 투자와 보유의 목적을 동시에 갖는 대표적인 사례다.

가장 먼저 필요한 작업은 원화와 달러의 지갑을 나누는 일이다. 만일 자금이 필요한 기간까지 원달러 환율의 저점을 정확히 맞출 수 있는 점집이라도 알고 있다면 원화 지갑은 없어도 괜찮다. 그때 환전하면 가장 이득일 테니 말이다. 그러한 점집을 모른다면, 또 환율 하락의 폭이 크지 않아 돈을 그냥 방치했을 때 생기는 기회비용(예치 시 발생하는 이자 수익)이 더 크다면 지갑을 분리하는 것이 좋다. 원화 지갑과 달러 지갑을 각자 관리하면서 정기적으로 환전해 목표 자금까지 모으고 굴리는 것이 합리적인 선택지다.

월급을 받는 직장인이라면 생활비를 제외한 일부 자금은 정기적으로 달러로 예치할 필요가 있다. 요즘처럼 예금 금리가 높은 상황에서는 달러 예금, RP도 좋은 선택지다. 꾸준히 모으면 추후 이자 소득과 함께 목표 달성의 기반이 된다. 이때 가장 중요한 것은 달러 지갑의 정기적인 납입금액은 '달러'를 기준으로 고정해야 한다는 것이다. 만일 매월 1천 달러를 적립하기로 마음먹었다면 환율과 관계없이 반드시 1천 달러를 달러 지갑에 예치해야 한다. 때로는 다른 소비를 줄여야 할 수도 있고, 이따금 지난 달보다 원화가 많이 남을 수도 있지만 이 원칙은 반드시 지켜야 한다. 즉 환율에 따라 예치되는 달러의 액수가 달라져선 안 된다.

원화 지갑 내 자금은 목표 기간(추후 목돈이 필요한 X-Date)에 따라 운용하는 것이 좋다. 예를 들어 3년 후 달러 자금이 필요하고 그때까지 환율 리스크를 최소화하는 것이 목표라면, 즉 매달 환전할 계획이라면 자금은 적어도 월 단위로 관리해야 한다. 그래야 매월 자금을 달러 예금, RP 등에 묶어놓을 수 있다. 월 단위로 움직이면 한 달 뒤 만기가 도래했을 때 일부 자금을 달러 지갑으로 옮겨 담거나, 상황에 따라 유연하게 만기를 늘리는 일도 가능하다. 자금이 필요한 목표 기간까지 달러 예금을 들어놓아도 좋고, 금리가 상승하는 시기라면 3개월에 한 번씩 예금을 재가입(롤오버)하는 것이 좋다.

달러의 비중은 어느 정도가 좋을까? ②

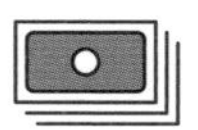

과거 성과와 변동성을 감안하면
달러자산, 특히 미국 지수에 투자하는 것이
코스피에 투자하는 것보다 합리적인 판단일 것이다.

펀드매니저 전 팀장은 얼마 전 증권사 PB로부터 질문을 받았다. 투자자산 중 달러의 비중에 대한 문의였는데, 내심 달러 100%라고 답하고 싶었지만 그러지 못했다. 달러를 믿지 못해서가 아니라 혹시 다음 주라도 급히 원화가 필요해지면 곤란할 수 있기 때문이다. 다시 말해 단기간 환율을 결코 장담할 수 없기 때문이다. 전 팀장은 "여유자금 중 일부는 달러로 돌리는 것이 좋다." 하는 원론적인 이야기를 할 수밖에 없었다.

내 지갑의 달러 비중에 대해 고민해야 하는 이유는 한 치 앞의 환율을 알 수 없기 때문이다. 투자금의 목적과 기간이 유동적일 수 있고 위험을 감수할 수 있는 정도, 개인의 투자 성향도 비중에 반영된다고 볼 수 있다. 다만 목표금액이 클수록, 기간이 짧을수록 필요한 노력과 리스크는 커지기 마련이다.

일반적인 자산관리 측면에서 좀 더 구체적으로 살펴보자. 한국인의 핵심 자산으로는 부동산을 꼽을 수 있다. 부자들의 포트폴리오를 보면 대개 가장 많은 부분을 차지하는 자산이 부동산이며, 젊은이들이 영혼까지 끌어 모아 마련하는 아파트도 부동산에 속한다. 미국인의 핵심 자산이 '주식'이라면 한국인의 핵심 자산은 '부동산'인 것이다.

자산의 대물림이 흔하지 않은 일반 미국인의 최대 관심사는 '퇴직연금'이다. '401K'라고 불리는 퇴직연금 제도는 미국인의 미래이자 마지막 보루다. 이 퇴직연금을 체계적으로 관리하는 자산증식 상품이 TDF(Target Date Fund)이며, 미국 내에서 그 규모만 3.27조 달러에 이른다(2021년 기준). 우리나라 돈으로 환산하면 4천조 원이 넘는 돈이다. 여기서 TDF는 은퇴 시점(Target Date)을 기준으로 생애주기에 따라 포트폴리오를 자동으로 조정하는 펀드를 뜻한다. 퇴직연금은 TDF 외에도 각종 금융상품과 채권으로 운용되고 있지만 세부내역을 살펴보면 단연 주식의 비중이 가장

여기서 잠깐!

401K란?

1980년대 도입된 미국의 확정기여형(DC) 연금을 뜻한다. 401K란 이름은 미국의 「근로자퇴직소득보장법(ERISA)」 401조 K항에 규정되어 있기 때문이다. 보편적인 미국의 연금 제도로 약 5천만 명이 가입되어 있다. 회사가 일정 비율 지원하고 근로자가 월급에서 일정 비율을 불입해 펀드를 만들어 운용된다. 근로자는 연간 최대 1만 7,500달러를 적립할 경우 소득공제를 받거나 인출 시 비과세 혜택을 받을 수 있다.

높다. 즉 미국인의 미래는 그들이 직간접적으로 투자하고 있는 주식에 달려 있다고 해도 과언이 아니다.

미국인이 주식에 '진심'인 이유는 닭이 먼저인지, 달걀이 먼저인지 논리와 유사하다. 우리나라 직장인도 매월 퇴직연금을 납입하지만 미국은 우리보다 더 적극적으로 퇴직연금을 운용한다. 개인은 증권사 PB 또는 독립 투자 자문가(한국에선 실질적으로 없는 제도로 PB가 대신함)의 자문을 바탕으로 적극적으로 미래를 설계한다. 운용수익이 고정된 DB형으로 방치되는 경우는 거의 없다. 장기간 우량하게 성장한 미국 경제를 대변하듯 미국 주식은 지난 50년간 평균 8% 수준의 수익률을 기록했고, 그 결과 401K는 탄탄한 코어 자산의 역할을 하고 있다.

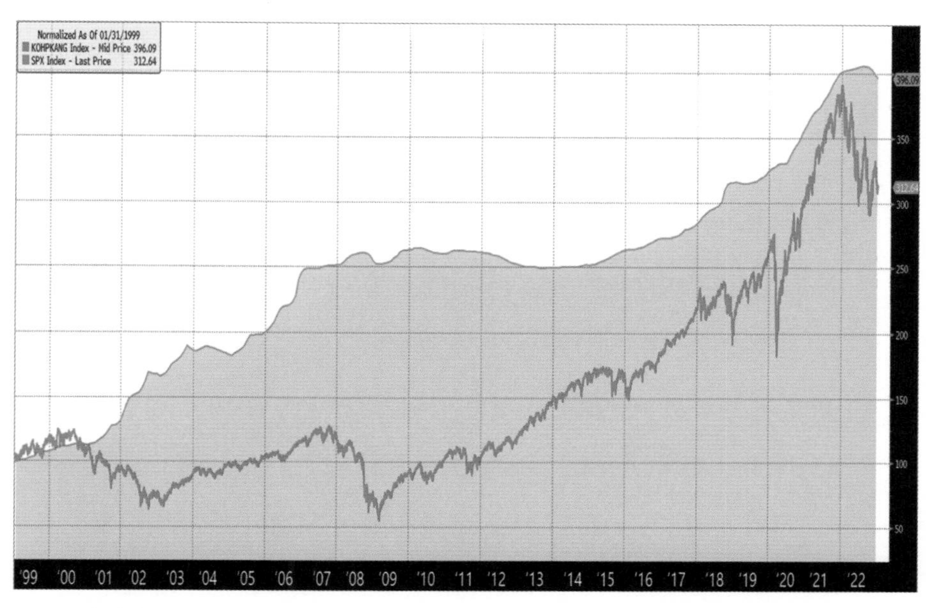

KB부동산 강남 부동산 인덱스(회색), S&P500(붉은색) 추이. 지난 20년 지수만 놓고 보면 강남 부동산(396.09%)은 S&P500(312.64%)보다 우위를 보였다. 다만 배당을 포함할 경우 S&P500(489%)은 강남 부동산보다 성과가 좋았다.

자료: 블룸버그

유동성 측면에서 보면 주식 시장으로 유입되는 퇴직연금은 시장이 좋으면 좋은 만큼 증가하고, 좋지 않으면 싸게 살 수 있단 이유로 증가하는 상황이다. 주가가 떨어지든 말든 돈이 유입되다 보니 하락폭을 줄이는 데 일조하는 것이다. 반대로 상승하면 상승폭을 더욱 견인한다. 이렇듯 미국 경제는 주식과 아주 오랜 기간 동행하고 있다. 경제만 받쳐준다면, 특히 소비만 원활하다면 앞으로도 문제없이 상부상조하며 함께 성장할 것이다.

미국인에게 주식이 있다면 한국인에게는 부동산이 있다. 불패 신화의 대표 자산으로 꼽히는 부동산은 레버리지 투자(대출을 끼고 매입)가 가능해 핵심 자산의 역할은 물론, 위성 자산의 역할까지 담당했다. 꾸준한 수요가 있고 특히 강남 아파트는 미국 주식으로 치환하면 대형주 S&P500과 견줄 수 있다. 인플레이션으로 침체 분위기를 맞이한 2023년 중반에도 강남의 아파트가 가장 먼저 반등한 바 있다. 시장의 분위기가 바뀔 때 미국 대형주 S&P500이 먼저 반등하는 것과 유사하다.

하지만 부동산이라는 자산 자체가 장외 거래이고 거래 안정성을 담보할 수 없어 '사기'와 같은 범죄에 노출되기 쉽다. 또한 강남 외 지역, 특히 수도권 밖 지방은 2022~2023년 금리 인상으로 하락폭이 남달리 컸다. 핵심 입지가 아니라면 변동성에 따른 리스크를 무시할 수 없는 것이다. 무엇보다 투자 심리가 냉각될 경우 (개개인의 상황에 따라 다르지만) 적지 않은 자금이 묶일 우려가 있다. 개인 파산을 비롯해 PF(Project Financing)와 건설사 도산으로 리스크가 확대될 수 있음을 인지해야 한다.

결론적으로 자산배분을 위해 주식에 투자한다면 (통화 기준으로) 달러자산이 내 지갑에 더 많아야 한다. 과거 성과와 변동성을 감안하면 달러자산, 특히 미국 지수에 투자하는 것이 코스피에 투자하는 것보다 합리적인 판단일 것이다. 물론 개별 주식의 경우 상황이 다를 수 있다.

반면 부동산은 미국보다 한국이 유리할 수 있다. 아무래도 국내에선 미국 부동산에 투자할 수 있는 방법이 한정적이다. 실물 사모펀드, 상장 리츠, 상장 리츠에 투자하는 글로벌 리츠 펀드 등 방법이 제한적이기 때문에 투자자 입장에서 '깜깜이' 투자가 될 수 있다. 또 국내 부동산은 아무리 거리가 멀어도 '실사'가 가능하기 때문에 직접 눈으로 보고 확신을 가질 수 있어, 이것이 장기 투자의 초석이 된다. 국외 부동산은 그러한 확신을 갖기 어렵다. 부동산 투자의 경우 리스크만 적절히 헤지할 수 있고, 임장부터 실

여기서 잠깐!

PF란?

PF란 금융기관이 특정 사업의 사업성, 장래의 현금흐름을 보고 자금을 지원하는 금융 기법을 말한다. 부동산 PF란 전문 시행사가 시행에 필요한 자금을 마련하기 위해 유동화 법인(서류상으로 만들어진 프로젝트 회사)을 설립하고 미래 분양 수익금을 바탕으로 금융사로부터 대출 형태로 자금을 조달하는 방식이다. PF는 사업의 주체인 시행사의 담보 없이 사업에 대한 수익성을 기반으로 자금을 조달하기 때문에, 만일 사업이 안 풀리면 시행사뿐만 아니라 투자자인 금융사와 보증을 선 신탁사가 함께 리스크를 지게 된다. 즉 건설업계뿐만 아니라 금융권도 타격을 심하게 받을 수 있다.

사까지 스스로 할 수 있다면 국내 부동산이 미국 부동산보다 낫다고 볼 수 있다. 물론 체계적인 프로세스로 무장한 글로벌 리츠 펀드도 고려해볼 필요가 있다.

우리는 이미 달러 자산을 갖고 있다

관점을 넓히면 내 지갑에 들어 있는 돈이
원화일지라도 그 돈조차 달러 기반으로
평가된다고 봐야 한다.

플라자합의로 시작된 경제 불황으로 일본 사람들은 장롱 속에 현금을 쌓아두기 시작했다. 특히 노인 세대의 경우 돈이 삭을 때까지 현금을 보관하기도 했다. 불황으로 자산의 가치 하락이 현금 가치의 하락보다 가팔랐기 때문이다. 삶이 매우 어렵고 궁핍했을 것이다. 자본주의 사회에서 자산이 늘어나지 않는 삶은 꿈도 희망도 없기 마련이다.

플라자합의로 달러 대비 엔화의 가치가 절상했기 때문에 일본은 수출 경쟁력에 큰 타격을 입는다. 수출 경쟁력 하락은 한때 부자들의 산물로 여겨졌던 소니와 같은 기업의 위상을 하락시켰고, 더 나아가 일본의 펀더멘털을 약화시켰다. 그렇다고 하더라도 달러자산과의 관계를 '손절'할 수는 없었다. 직접적인 '투자'까진 아니더라도 관계를 아예 뗄 수 없었다는 말이다. 엔화로 표시된 물건을 가지고 있어도 그것의 가치 기준은 결국 달러였던 것이다.

우리는 어떠한가? 2023년 들어 한국에 대한 외국인 투자자의 사랑이 매우 높아졌다. 2023년 상반기 외국인 직접투자 신고금액은 전년 동기 대비 54% 증가한 170.9억 달러를 기록했다. 1962년 관련 통계 집계 이후 역대 최대 실적이다. 주식 시장에만 약 13조 원의 외국인 자금이 유입되었다(2023년 11월 중순 기준). 이는 환율의 강세와 반도체 주식의 상승을 불러일으켰다.

사실 따지고 보면 AI 붐 또는 저평가된 코스피가 원인일지 모르지만 이유가 그것만은 아닐 것이다. 외국인은 환율의 강세를 동기 삼아 베팅하는 습성이 있다. 5월부터 수출이 반등하는 기미를 보이고 반도체 가격의 상승이 예상되면서 한국의 펀더멘털이 개선되었고, 원화 환율의 강세를 자극하면서 달러 대비 원화의 가치가 상승한 결과인 것이다. 즉 원화를 장롱 속에 쌓아놓고 있었다 해도 가치는 매일 바뀌는 것이다.

시총 상위 기업 매출 내 수출 비중

(단위: %)

연도	2022년	2021년	2020년	2019년	2018년	5년 평균
삼성전자	83.9	84.3	84.4	85.2	86.1	84.78
SK하이닉스	97.3	96.6	95.4	94.6	97.9	96.36
삼성바이오로직스	94.8	77.9	74.5	70.5	57.5	75.04
삼성SDI	94.2	92.8	90	86.7	81.5	89.04
LG화학	82.9	76.1	72.5	69.2	68.1	73.76
현대차	68.6	64.9	61.3	64.2	62	64.2
NAVER	8.1	4.9	3.1	2.8	33.4	10.46
POSCO홀딩스	35.7	34.8	36.3	36.5	35.9	35.84
현대모비스	48.5	48.3	50.6	55.9	57.5	52.16
삼성물산	32.2	34.9	31.8	32.3	31.7	32.58
LG전자	60.1	62.8	62.6	63.5	63.5	62.5
SK이노베이션	47.3	41.7	44.1	48.7	49.9	46.34
한국전력	2	2	2	2.7	3.7	2.48
하이브	66.5	54.3	42.4	62.4	55.1	56.14
삼성전기	64.1	70	67.7	64.2	62.3	65.66

자료: 각사 사이트, 블룸버그 등

현금이 그렇다면 주식은 더 관계가 높을 것이다. 기업을 보자. 국민주라 불리 삼성전자, 현대차를 보유하고 있는 투자자는 달러 투자와 무관하다고 볼 수 없다. 삼성전자를 비롯한 코스피 시총 30위 내 주요 기업의 최근 5년 수출 비중을 보면 해외 매출이 전체 매출의 절반을 넘는다. 해외 매출의 결제는 당연히 대부분 달러로 이뤄진다. 삼성전자, SK하이닉스, 현대차와 같은 수출 기업은 물론, 카카오와 같은 내수 기업도 달러 매출이 존재한다. 삼성전자, SK하이닉스는 무려 80~90% 수준이고 현대차, LG화학, 삼성바이오로직스 등도 70~80% 수준이다.

이뿐만 아니라 한국전력과 같은 대표적인 내수 기업은 2023년 3월 달러 표시 채권을 발행해 자금 조달 면에서 달러와의 관계를 확장했다. 2022년 9월 S&P등급 AA로 책정되어 글로벌 등급으로도 충분히 자격은 있지만, 한국전력이 달러를 조달하고 달러로 이자를 지급하는 방법을 선택한 것은 내수 기업 역시 달러와 무관하지 않다는 대표적인 사례라고 볼 수 있다. 이미 현대차, 포스코와 같은 기업은 오래전부터 현지에서 달러채권을 발행한 바 있다. '김치본드'라고도 불리는 국내 기업의 달러채권 발행액은 2021년 300억 달러를 넘어섰다. 달러를 조달해 달러로 결제하고 투자자금으로도 활용하는 방법인데, 달러채권은 결국 회사의 가치와 달러를 연결하는 매개체가 되었다. 개인 투자자 입장에서 국내 기업에 투자하더라도 달러 투자와 무관하지 않은 배경이다.

최근 한국계 달러채권 발행액 및 만기액 추이

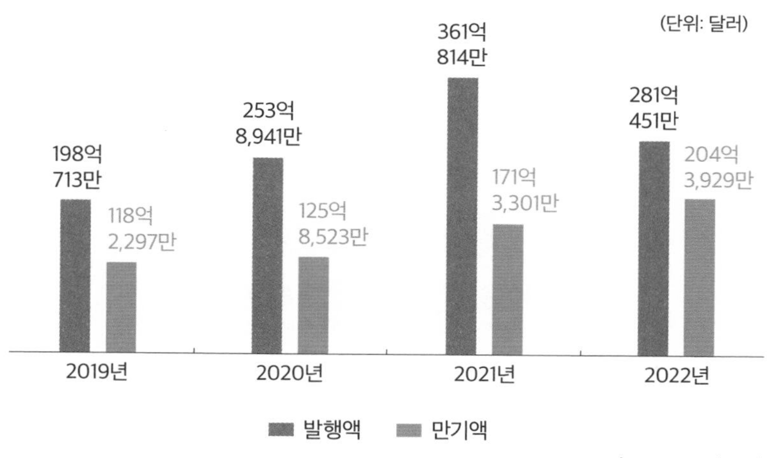

자료: NH투자증권

관점을 넓히면 내 지갑에 들어 있는 돈이 원화일지라도 그 돈조차 달러 기반으로 평가된다고 봐야 한다. 원화만 갖고 있어도 달러와 무관하지 않으며, 이를 소비하는 데 쓰이는 상품 역시 제작 및 조달 과정에서 달러의 영향을 받았다. 기업 역시 해외 매출이 있기 마련이고, 수출 기업이 아닌 국내 내수 기업에 투자하더라도 달러의 가치가 연동될 수밖에 없는 구조다. 결국 우리는 한국에 살지만 달러 투자를 매일 하고 있는 셈이다.

한 걸음 더

김 부장의 10만 달러 모으기

김 부장은 해외에서 부모님과 살고 있는 동생에게 2년 뒤 10만 달러를 송금하기로 했다. 다행히 그동안 모아놓은 돈 7천만 원이 있어 조금만 더 모으면 된다고 생각했다. 하지만 2년 뒤 환율을 알 수 없으니 원화로 얼마를 더 모아야 할지 막막했다. 2021년 코로나19 이후 처음 테이퍼링이 언급되면서 강달러 기조가 예상될 뿐이었다. 원화는 위안과 엔의 영향도 받기 때문에 달러가 강세라고 반드시 원화가 약세로 간다는 보장도 없었고, 원화 강세에 대한 기대도 내심 가지고 있는 상태였다. 그래서 현시점(2021년 1월)에서 7천만 원을 모두 환전하는 것은 원치 않았다.

김 부장은 우선 원화 지갑과 달러 지갑을 나눴다. 그리고 원화 계좌에서 2년간(2021년 1월~2022년 12월) 매월 말에 동일 금액(300만 원)을 인출해 달러 계좌로 이체하기로 마음먹었다. 환율은 자연스럽게 월말 전신환 매도율을 기준으로 삼았다. 여기에 추가로 월급에서 일부 금액을 떼어 달러 계좌에 추가로 저축하기로 했다. 환율이 그나마 낮을 것이라고 예상하는 첫해에 매달 1,800달러를 예치하고, 그다음 해부터는 매달 1,500달러를 예치하기로 했다.

원화 계좌에 남은 잔액은 1개월물 RP로 운용하고, 달러 계좌에 들어오는 돈(원화 계좌에서 들어오는 자금과 월급에서 일부 넘어오는 자금)은 3개월물 RP를 활용하기로 했다. 첫해에 예금하는 자금은 1년물 RP로도 운용이 가능하지만 RP 금리가 올라갈 수 있으므로 3개월물로 짧게 잡았다.

결과를 살펴보자. 김 부장은 2022년 12월 말 기준 10만 달러 조금 넘는 돈을 모았다. 원화 계좌에 있던 종잣돈을 매월 300만 원씩 달러 계좌로 전신환 매도율을 적용해 옮겼고, 월급에서 약 200만 원을 따로 떼어 달러 계좌로 입금했다. 만일 종잣돈 7천만 원을 그냥 방치하고 2년간 월급만 따로 모아 2022년 12월 말에

김부장의 10만 달러 모으기: 사례1

구분	원화 RP 금리 (a)	원화 RP 이자 (b)	원화 계좌 잔액 (c)=전월 c+b	전신 환매 도율 (d)	시드머니 현금 환전		신규 예치금액		예치 달러 합계 (i)=f+h	달러 계좌(RP)		
					원화 (e)	달러 (f)=e/d	원화 (g)=h×d	달러 (h)		달러 RP 금리 (j)	달러RP 이자 (k)	누적금액 (m)
2021년 1월 말	0.10	-	67,000,000	1,118.9	3,000,000	2,681.20	2,014,020	1,800	4,481	0.70	-	4,481.20
2021년 2월 말	0.10	5,507	64,005,507	1,123.5	3,000,000	2,670.23	2,022,300	1,800	4,470	0.70	-	8,951.43
2021년 3월 말	0.10	5,261	61,010,768	1,132.0	3,000,000	2,650.18	2,037,600	1,800	4,450	0.70	-	13,401.61
2021년 4월 말	0.10	5,015	58,015,782	1,112.5	3,000,000	2,696.63	2,002,500	1,800	4,497	0.70	7.73	17,905.97
2021년 5월 말	0.10	4,768	55,020,551	1,112.0	3,000,000	2,697.84	2,001,600	1,800	4,498	0.70	15.45	22,419.26
2021년 6월 말	0.10	4,522	52,025,073	1,126.3	3,000,000	2,663.59	2,027,340	1,800	4,464	0.70	23.13	26,905.98
2021년 7월 말	0.10	4,276	49,029,349	1,150.5	3,000,000	2,607.56	2,070,900	1,800	4,408	0.70	30.91	31,344.45
2021년 8월 말	0.20	4,030	46,033,379	1,159.5	3,000,000	2,587.32	2,087,100	1,800	4,387	0.70	38.70	35,770.47
2021년 9월 말	0.20	7,567	43,040,946	1,184.0	3,000,000	2,533.78	2,131,200	1,800	4,334	0.60	46.44	40,150.70
2021년 10월 말	0.20	7,075	40,048,021	1,168.6	3,000,000	2,567.17	2,103,480	1,800	4,367	0.60	54.10	44,571.97
2021년 11월 말	0.30	6,583	37,054,604	1,188.6	3,000,000	2,523.98	2,139,480	1,800	4,324	0.60	61.74	48,957.69
2021년 12월 말	0.30	9,137	34,063,741	1,189.3	3,000,000	2,522.49	2,140,740	1,800	4,322	0.60	59.40	53,339.58

구분	원화 RP 금리 (a)	원화 RP 이자 (b)	원화 계좌 잔액 (c)=전월 c+b	전신 환매 도율 (d)	시드머니 현금 환전		신규 예치금액		예치 달러 합계 (i)=f+h	달러 계좌(RP)		
					원화 (e)	달러 (f)=e/d	원화 (g)=h×d	달러 (h)		달러 RP 금리 (j)	달러RP 이자 (k)	누적금액 (m)
2022년 1월 말	0.30	8,399	31,072,140	1,206.0	3,000,000	2,487.56	1,809,000	1,500	3,988	0.60	65.94	57,393.09
2022년 2월 말	0.30	7,662	28,079,802	1,202.8	3,000,000	2,494.18	1,804,200	1,500	3,994	0.60	72.43	61,459.70
2022년 3월 말	0.30	6,924	25,086,726	1,212.4	3,000,000	2,474.43	1,818,600	1,500	3,974	0.60	78.91	65,513.04
2022년 4월 말	0.35	6,186	22,092,911	1,256.8	3,000,000	2,387.01	1,885,200	1,500	3,887	0.60	84.91	69,484.97
2022년 5월 말	0.55	6,355	19,099,267	1,239.0	3,000,000	2,421.31	1,858,500	1,500	3,921	1.05	90.93	73,497.20
2022년 6월 말	0.55	8,634	16,107,901	1,299.0	3,000,000	2,309.47	1,948,500	1,500	3,809	1.05	96.92	77,403.59
2022년 7월 말	0.90	7,282	13,115,183	1,299.5	3,000,000	2,308.58	1,949,250	1,500	3,809	1.70	102.80	81,314.97
2022년 8월 말	1.05	9,702	10,124,884	1,338.3	3,000,000	2,241.65	2,007,450	1,500	3,742	1.90	190.29	85,246.91
2022년 9월 말	1.05	8,738	7,133,622	1,431.5	3,000,000	2,095.70	2,147,250	1,500	3,596	1.90	200.40	89,043.02
2022년 10월 말	1.55	6,156	4,139,778	1,424.9	3,000,000	2,105.41	2,137,350	1,500	3,605	2.65	340.85	92,989.28
2022년 11월 말	1.80	5,274	1,145,052	1,318.5	3,000,000	2,275.31	1,977,750	1,500	3,775	3.40	399.38	97,366.51
2022년 12월 말	1.80	1,694	-	1,266.5	1,146,747	905.45	1,899,750	1,500	2,405	3.40	417.16	100,445.20

* 달러 계좌 RP 금리와 이자는 3개월물 기준
* 누적금액 중 2022년 11월, 12월은 30일물 RP 운용을 기준으로 산출해 2022년 12월 말 누적금액에 합산
* 블룸버그 환율 기준이므로 국내 시중은행 전신환 매도율과 차이가 발생할 수 있으며, RP 금리는 대신증권 상품 기준

한꺼번에 환전했다면 어땠을까? 9만 3,170달러밖에 모으지 못했을 것이다(원달러 환율 1,266.5원 적용). 목표금액 대비 7% 부족한 액수다. 그럼 7천만 원을 정기예금으로 관리하고 2년간 적금을 넣었다면 어땠을까? 2022년 12월 말 만기 해약해서 환전한다고 해도 약 5% 부족했을 것이다(2021년 1월 적금 금리 2% 가정). 김 부장은 원화 지갑과 달러 지갑을 따로 활용하고 RP로 운용한 덕분에 2년 만에 목표금액에 도달할 수 있었다.

문제는 목표 자금에 비해 원화 자금이 현저히 부족할 때 발생한다. 김 부장처럼 모아놓은 자금이 이미 있고 월수입 중 일부를 추가하는 경우라면 쉬운 문제일 것이다. 그러나 만약 목표금액 대비 갖고 있는 종잣돈이 50% 수준이라면 어떻게 해야 할까? 이때부터는 리스크를 고려해야 마땅하다. 종잣돈이 목표금액 대비 50%라면 결국 2배 이상의 성과가 필요하단 뜻이다. 매월 급여 일부를 납입해 관리한다고 해도 의미가 크지 않을 수 있다. 물론 리스크를 줄이고 싶다면 기간을 확대하거나 원화 자금을 좀 더 모은 다음 시도하는 방법도 있다.

짧은 기간 초과수익을 추구한다면 자금 관리를 철저히 해야 한다. 목표 달성을 위해선 RP보다 리스크가 큰 자산에 투자해야 하며, 도중에 시장에 예상치 못한 악재가 터져 손해를 볼 가능성도 배제할 수 없다. 만일 종잣돈 5천만 원 외에 추가 납입금액이 아예 없다면 매년 7~8% 수익을 거둔다 해도 10만 달러를 모으기 위해선 5년 이상의 관리가 필요하다(7~8%는 과거 50년 미국 주식의 연평균 수익률이다).

리스크가 큰 성장주로 하루아침에 종잣돈을 2배 이상 불리는 것도 불가능한 일은 아니지만, 만약 이러한 방법을 고민하고 있다면 차라리 기간과 목표를 고려하지 말고 하루하루 해외 주식과 채권에 투자하라고 권하고 싶다. 목표가 높고 기간이 짧으면 마음이 조급해지기 마련이고, 결국 투자가 아닌 투기의 길을 걷게 될 것이다.

다시 2021년 1월 김 부장의 사례로 돌아가보자. 10만 달러를 모으겠다는 목적은 같지만 이번에는 상황이 조금 다르다. 종잣돈 5천만 원으로 10만 달러를 만들어야 한다. 앞서 매달 원화 지갑에서 달러 지갑으로 종잣돈을 옮겼다면 이번에는 첫 달에 딱 한 번 모든 돈을 환전해서 옮긴다. 액수가 적은 만큼 첫 달부터 투자로 돌리는 것이 유리하다는 판단이다.

신규 예치금액 역시 줄어들었다. 일전에는 첫 해에 매달 1,800달러씩, 그다음 해에 1,500달러씩 입금한 반면, 이번에는 매달 1,500달러씩 정기 납부하기로 했다. 대신 기간은 2년이 아닌 2년 6개월이다. 김 부장은 적극적으로 투자하되 테마주 투자, 레버리지 투자 등 위험은 감수하지 않기로 했다. 시장의 변동성이

김부장의 10만 달러 모으기: 사례2

구분	전신환 매도율 (b)	시드머니 현금 환전 원화 (a)	신규 예치금액			예치 달러 합계 (f)=c+e	달러 계좌(RP)					운용 비율
			달러 (c)=a/b	원화 (d)=e×b	달러 (e)		달러 RP 금리 (g)	달러 RP 이자 (h)	투자 수익률 (i)	투자 수익 (j)	누적 금액 (k)	
2021년 1월 말	1,118.9	50,000,000	44,686.75	1,678,350	1,500	46,187	0.70	-	-1.02	-	46,186.75	RP 33%, 주식 66%
2021년 2월 말	1,123.5	-	-	1,685,250	1,500	1,500	0.70	-	2.78	856.16	48,542.91	
2021년 3월 말	1,132.0	-	-	1,698,000	1,500	1,500	0.70	-	4.54	1,469.40	51,512.31	
2021년 4월 말	1,112.5	-	-	1,668,750	1,500	1,500	0.70	26.57	5.29	1,817.02	54,855.90	
2021년 5월 말	1,112.0	-	-	1,668,000	1,500	1,500	0.70	27.93	0.66	240.12	56,623.95	
2021년 6월 말	1,126.3	-	-	1,689,450	1,500	1,500	0.70	29.64	2.25	848.33	59,001.92	
2021년 7월 말	1,150.5	-	-	1,725,750	1,500	1,500	0.70	31.56	2.44	960.26	61,493.74	
2021년 8월 말	1,159.5	-	-	1,739,250	1,500	1,500	0.70	32.58	2.98	1,220.03	64,246.35	
2021년 9월 말	1,184.0	-	-	1,776,000	1,500	1,500	0.60	33.95	-4.66	-1994.86	63,785.44	
2021년 10월 말	1,168.6	-	-	1,752,900	1,500	1,500	0.60	35.38	7.02	2,983.60	68,304.42	
2021년 11월 말	1,188.6	-	-	1,782,900	1,500	1,500	0.60	36.96	-0.80	-365.87	69,475.51	
2021년 12월 말	1,189.3	-	-	1,783,950	1,500	1,500	0.60	31.46	4.63	2,144.24	73,151.21	

구분	전신환 매도율 (b)	시드머니 현금 환전 원화 (a)	신규 예치금액			예치 달러 합계 (f)=c+e	달러 계좌(RP)					운용 비율
			달러 (c)=a/b	원화 (d)=e×b	달러 (e)		달러 RP 금리 (g)	달러 RP 이자 (h)	투자 수익률 (i)	투자 수익 (j)	누적 금액 (k)	
2022년 1월 말	1,206.0	-	-	1,809,000	1,500	1,500	0.60	33.68	-5.27	-2,572.06	72,112.83	RP 33%, 주식 66%
2022년 2월 말	1,202.8	-	-	1,804,200	1,500	1,500	0.60	34.26	-2.95	-1,419.04	72,228.06	
2022년 3월 말	1,212.4	-	-	1,818,600	1,500	1,500	0.60	36.07	3.76	1,808.38	75,572.51	
2022년 4월 말	1,256.8	-	-	1,885,200	1,500	1,500	0.60	71.12	-8.78	-2,210.98	74,932.66	RP 66%, 주식 33%
2022년 5월 말	1,239.0	-	-	1,858,500	1,500	1,500	1.05	71.24	0.23	56.38	76,560.28	
2022년 6월 말	1,299.0	-	-	1,948,500	1,500	1,500	1.05	74.54	-8.25	-2,104.62	76,030.19	
2022년 7월 말	1,299.5	-	-	1,949,250	1,500	1,500	1.70	73.91	9.21	2,333.81	79,937.91	
2022년 8월 말	1,338.3	-	-	2,007,450	1,500	1,500	1.90	132.15	-4.08	-1,087.21	80,482.85	
2022년 9월 말	1,431.5	-	-	2,147,250	1,500	1,500	1.90	131.23	-9.24	-2,479.31	79,634.77	
2022년 10월 말	1,424.9	-	-	2,137,350	1,500	1,500	2.65	223.39	8.13	2,157.45	83,515.60	
2022년 11월 말	1,318.5	-	-	1,977,750	1,500	1,500	3.40	251.37	5.56	1,547.59	86,814.56	
2022년 12월 말	1,266.5	-	-	1,899,750	1,500	1,500	3.40	248.72	-5.76	-1,666.14	86,897.14	

구분	전신환 매도율 (b)	시드머니 현금 환전 원화 (a)	신규 예치금액			예치 달러 합계 (f)=c+e	달러 계좌(RP)					운용 비율
			달러 (c)=a/b	원화 (d)=e×b	달러 (e)		달러 RP 금리 (g)	달러 RP 이자 (h)	투자 수익률 (i)	투자 수익 (j)	누적 금액 (k)	
2023년 1월 말	1232.1	-	-	1,848,150	1,500	1,500	3.40	363.81	6.29	1,821.58	90,582.53	RP 66%, 주식 33%
2023년 2월 말	1323.1	-	-	1,984,680	1,500	1,500	3.40	485.21	-2.51	-759.16	91,808.58	
2023년 3월 말	1302.1	-	-	1,953,150	1,500	1,500	3.40	485.67	3.71	1,136.13	94,930.38	
2023년 4월 말	1338.5	-	-	2,007,750	1,500	1,500	3.40	406.27	1.60	505.50	97,442.15	
2023년 5월 말	1327.2	-	-	1,990,800	1,500	1,500	3.40	513.12	0.46	149.94	99,605.21	
2023년 6월 말	-	-	-	-	-	-	3.40	530.57	-	-	100,394.91	

* 달러 계좌 RP 금리와 이자는 3개월물 기준, 시장 변동성에 따라 운용금액 비율 변경
* 투자는 SPY ETF를 활용했다고 가정, 투자 운용은 2023년 5월 말 종료
* 누적금액 중 2023년 4월, 5월은 30일물 RP 운용을 기준으로 산출해 2023년 5월 말 누적금액에 합산
* 블룸버그 환율 기준이므로 국내 시중은행 전신환 매도율과 차이가 발생할 수 있으며, RP 금리는 대신증권 상품 기준

확대될 것 같은 상황에서는 RP의 비중을 확대하고, 시장의 변동성이 낮을 것으로 예상되는 상황에서는 S&P500을 추종하는 SPY ETF에 대한 비중을 늘린다.

2021년은 제로금리 시기이고 코로나19 관련 지원금으로 유동성이 넘쳐나면서 주식 시장이 활황이었다. 그래서 주식 투자 비중을 66.6%, RP 비중을 33.3%로 산정했다. 그러나 2022년 3월부터 인플레이션 확산 및 예상보다 빠른 미국의 기준금리 인상으로 시장이 흔들리기 시작했다. 그래서 2022년 3월 말부터 주식 투자 비중을 33.3%, RP 비중을 66.6%로 변경했다. 시장 변동성이 확대되고 금리가 상승할 경우 이처럼 보수적으로 대응할 필요가 있다. 2023년 상반기에 주가가 급격히 상승했지만 김 부장은 주식 비중을 쉽게 확대하지 않았다. 변동성 상승에는 예민하게, 변동성 완화에는 보수적으로 대응한 것이다.

2년여 동안 투자한 결과 김부장은 30개월 만에 10만 달러 달성에 성공한다. 물론 이상적인 가정일 수 있다. 앞선 사례와 달리 두 번째 사례는 김 부장이 이성적 판단을 내린다는 전제로 가정했기 때문이다. 다만 2가지 사례 모두 시기적으로 달러를 모으기 매우 어려운 상황이었기에 중요한 의미를 갖는다. 유례없는 금리 인상으로 달러 강세가 야기되었고 변동성도 매우 높았다. 김 부장이 겪은 고난은 앞으로 우리가 '투자'와 '자산관리'라는 바다 위에서 언제든지 만날 수 있는 높은 파도와 유사하다. 즉 변동성이 높은 시기에도 원화 지갑과 달러 지갑을 나누고 일정 기간을 산정해 자금을 옮기거나 추가적으로 납입한다면, 그리고 원칙에 입각해 운용한다면 환변동성을 일정 부분 헤지할 수 있다는 뜻이다. 개인의 투자 성향과 환율 지식의 정도에 따라 운용 방식과 상품, 기간과 추가 납입금액은 조금씩 다를 수 있지만 큰 원칙은 일맥상통할 것이다.

만약 김 부장이 원화로 적금에 가입하거나 원화 RP만 운용하는 방법을 택했다면, 다시 말해 달러 지갑을 운용하지 않고 원화로만 10만 달러 모으기에 도전했다면 어땠을까? 결과는 매우 부정적이다. 사례 2에서 만일 매월 납입금액을 환전하지 않고 그냥 원화로 모아 관리했다면 최종적으로 약 1억 400만 원을 모았을 것이고, 2023년 6월 말 원달러 환율 1,280원으로 환전할 경우 약 8만 1천 달러 수준에 불과하다. 목표금액 10만 달러에 비해 턱없이 부족한 액수다.

물론 상황에 따라 리스크를 감내할 자신이 있다면 투자를 하는 것이 더 낫다고 본다. 하지만 투자는 준비와 공부가 필요한 영역이다. 시장을 꾸준히 바라보는 인내심과 노력도 필요하다. 김 부장처럼 원금을 지키고 환변동성을 줄이는 것이 목표라면 보수적인 시각을 견지해야 한다. 돈을 굴리는 기간을 단축하려는 욕심이 과하거나, 추가 납입금액을 최소화하려는 욕구가 올라온다면 일을 그르치기 십상이다. 세상에 공짜는 없다는 진리를 명심하기 바란다.

- 기준환율이란 우리나라 외환 시장에서 적용하는 금융기관의 달러 매입 원가를 뜻한다. 보통 은행에 가면 '매매기준율'이란 이름으로 전광판에 크게 표기되어 있다.

- 은행은 일정 부분 마진을 붙여 매도율, 매입율을 산정하는데 이 간격을 스프레드라고 부른다. 스프레드는 다른 말로 '환전 수수료'라고 한다. 이 환전 수수료를 할인해주는 것이 바로 '환율 우대'다.

- 대표적인 달러 투자 방법은 국내 시중은행의 달러 예금을 이용하는 것이다.

- 은행에 외화 예금이 있다면 증권사에는 달러 RP가 있다. RP 매수자는 여유자금을 단기간 운용해 확정이자를 받을 수 있고, 금융기관은 보유한 채권을 매각할 필요 없이 단기 현금을 만들 수 있다. 증권사에서 제공하는 '초단기 정기예금'이라고 보면 된다(예금자 보호 ×).

- 주식과 마찬가지로 ETF는 거래소에 상장되어 있어 간편하게 매매가 가능하다. 다만 달러 ETF의 경우 투자 시 주의가 필요한 부분이 있다. 국내 거래소에 상장한 달러 ETF와 해외 거래소에 상장한 달러 ETF를 비교해보면, 비슷한 상품처럼 보이지만 성격이 완전히 다르다.

- 원화만 갖고 있어도 달러와 무관하지 않으며, 이를 소비하는 데 쓰이는 상품 역시 제작 및 조달 과정에서 달러의 영향을 받았다. 기업 역시 해외 매출이 있기 마련이고, 수출 기업이 아닌 국내 내수 기업에 투자하더라도 달러의 가치가 연동될 수밖에 없는 구조다. 결국 우리는 한국에 살지만 달러 투자를 매일 하고 있는 셈이다.

나오며

숲을 보는 안목으로 달러와 동행하기를

우리의 실생활에 달러는 이미 깊숙하게 들어와 있다. 수천 마일 떨어진 미국에서 FOMC가 열릴 때마다 밤잠을 설치는 서학개미뿐만 아니라, 미국과는 무관한 내수 생업에 종사하는 서민들 또한 달러를 지갑 깊숙한 곳에 보유하고 있는 형국이다. 우리에게 큰 영향을 미치는 은행 대출 이자는 물론, 사소하게는 식탁 위 식재료의 물가까지 달러와 직간접적으로 연결되어 있다. 단순히 내가 달러를 손에 쥐고 있는 상황에서 원달러 환율이 상승했다고 해서, '환차익'을 얻었다고 해서 마냥 좋아할 일은 아니다. 원화의 가치가 하락하면 국내 부동산, 주식, 채권 등에 부정적인 영향을 미칠 것이고, 그 폭이 커지면 당황스러운 결과를 자아낼 것이기 때문이다.

환율은 여러 요소가 복잡하게 얽혀 영향을 주고받는 예민한 영역이다. 변화와 반응이 매우 빠르기에 투자를 업으로 삼고 있는 선수일지라도 기민하게 대응하기 어렵다. 진입장벽을 극복하기 위해선 기본적으로 달러 투자를 친밀하게 생각해야 한다. 스스로 이미 달러와 깊은 관계가 있다고 생각하고 의연하게 받아들여 시야를 넓혀야 한다. 달러와 불가분의 관계에 놓인 이상 필히 대응할 필요가 있다.

조급함이 사라지면 기회가 보이는 것이 세상의 이치다. 가령 은행에서 달러를 환전해 얼마를 손에 쥐고 있든 '영향도(Exposure)' 관점에서는 큰 차이가 없을 수 있다. 보다 넓은 관점, 큰 안목에서 포지션을 바라본다면 흐름을 따라갈 수 있고, 일희일비할 일도 없다. '미국 주식을 샀는데 환 때문에 손실이 났다.' 하는 생각을 단기간에는 충분히 할 수 있으나 원화 강세가 지닌 의미를 떠올린다면 상황은 달라질 수 있다. 내가 가진 또 다른 자산의 가치가 올랐단 뜻이기 때문에 전체 자산의 규모는 플러스(+)일 것이다.

자산은 합리적으로 배분해 보유하고 관리해야 한다. 자산배분의 중요성은 아무리 강조해도 지나치지 않다. 이제 환율을 고려해 달러자산에도 자산을 배분할 필요가 있다. 단순히 투자를 하면서 헤지형(H), 언헤지형(UH)을 구분하는 데 그치는 것이 아닌, 달러의 영향을 많이 받는 기업과 덜 받는 기업을 인지하고 투자한다면 추가적으로 다가올 긴축 또는 완화의 사이클에서 합리적인 대응을 할 수 있을 것이다.

넓은 시야로 자산배분을 염두에 두고 달러에 대한 관심을 높인다면 자연스럽게 국제 정세, 각종 경제 지표 등의 의미가 차곡차곡 머릿속에 쌓이게 된다. 차기 미국 대선이 달러에 미칠 영향, 정부 예산안의 방향성이 경제에 미치는 파급력, 물가의 향방, 원달러 환율의 움직임 등 만만치 않은 주제에 접근할 용기도 생길 것이다. 물론 시간이 소요되고 많은 노력이 필요한 일이다. 정답

이 없는 길일지도 모른다. 하지만 그 과정에서 스스로 발전함은 물론 투자 노하우도 축적할 수 있다.

투자는 당장 다음 주의 수익을 바라보고 하는 것이 아니다. 투자는 나의 미래를 좌우하는 매우 큰 결정이자 현재의 삶의 자세를 투영하는 깊이 있는 세계다. 숲을 보는 안목을 견지하는 자세가 필요하다. '달러'는 매우 어려운 친구지만 투자의 여정에서 좋은 동반자가 될 것이라 확신한다.

저자와의 인터뷰

Q 간단한 책 소개와 이 책을 통해 독자들에게 전하고 싶은 메시지는 무엇인가요?

A '원달러 환율'에 국한되어 있는 달러에 대한 생각의 저변을 넓히고 싶었습니다. 달러 경제의 기초와 달러가 기축통화가 되는 과정을 기반으로 달러에 대한 투자가 오랜 기간 의미 있을 것이라는 메시지를 담고자 했습니다. 아직 국내에만 머무르고 있는 투자자들로 하여금 경제의 혈관과도 같은 환율을 바라보게 함으로써 더 효과적으로 투자할 수 있는 길을 제시하고자 했습니다.

Q 달러 투자의 당위성에 대해 간략히 소개 부탁드립니다.

A 달러는 현재 우리 실생활에 이미 깊숙하게 들어와 있습니다. 이를 느끼지 못하는 경우도 많은데, 가령 국민주 삼성전자의 경우 매우 높은 비중으로 달러 매출이 일어납니다. 국내 주식이지만 달러와 무관

하지 않습니다. 달러의 향방에 따라 유가도 흔들립니다. 당연히 실생활에 영향이 있겠죠. 달러의 등락을 실생활과 별개로 생각할 수 없는 것입니다. 달러의 중요성을 알고 있다면 달러를 기존 자산을 헤지하는 데 쓸 수도 있고, 이익을 더 추구하는 데 쓸 수도 있겠죠. 투자자가 아니더라도 달러 가치가 올라가는 짧지 않은 구간에서, 즉 원화 가치가 하락하는 구간에서 달러를 일부분 확보하는 지혜도 발휘할 수 있을 것입니다.

무엇보다 달러에 투자한다는 건 굳건한 미국 경제에 투자한다는 의미이기도 합니다. 미국의 첨단 IT, 군사력, 에너지 자급력 등은 기축통화 달러의 지위를 지킬 수 있는 능력이 미국에 있음을 시사합니다. 과거 기축통화의 지위를 상실한 스페인, 영국과는 다를 것이라 봅니다. 달러에 대한 이해를 높이면 기축통화국이 아닌 주변국으로서 '당할 수 있는' 예상치 못한 손실을 최소화할 수 있습니다.

Q 본문에서 달러를 두고 '종이로 바뀐 금'이라 설명하셨는데 그 이유는 무엇인가요?

A 처음에는 여느 기축통화처럼 달러도 금과 가치를 교환했습니다. 그러다가 1971년 닉슨 대통령이 금태환 정지를 선언했죠. 이후 미국은 달러를 '금'으로 포장하기 위해 무던한 노력을 기울입니다. 미국 정부와 연준의 양적완화 정책으로 현재는 금만큼 희소성이 있다고 볼 수는 없지만, 많은 노력 끝에 지속적인 가치 상승을 위한 장치를 마련했다고 생각합니다. 달러의 가치가 하락하면 달러는 금이 아닌 일반 고철덩어리에 비유될 것입니다. 그러니 미국이 많은 이가 달러를 찾을 수밖에 없는 구조를 만든 것이겠죠.

Q 환율의 흐름을 읽는 가장 쉬운 방법은 무엇인가요?

A 안타깝게도 쉬운 방법은 없습니다. 다만 노력을 기울여 앞으로 어떻

게 진행될 것이라는 '예상'이 있을 뿐이죠. 그만큼 환율에 대해서는 겸손한 자세를 취해야 한다고 봅니다. 왜냐하면 경제 상황, 지역 단위의 분쟁, 주요 국가 간 이해관계 등 고려해야 할 사항이 너무 많기 때문입니다. 그중 가장 영향력이 큰 것은 역시 미국과 달러겠죠. 그나마 말씀드릴 수 있는 것은 '달러'의 흐름을 살펴보는 것이 가장 확률이 높다는 점입니다.

Q 환율의 방향성을 읽기 위해 반드시 모니터링해야 하는 지표가 있다면 무엇인지, 안전하고 성공적인 달러 투자를 위해 해당 지표의 어떤 부분을 중점적으로 봐야 하는지 설명 부탁드립니다.

A 달러 인덱스 'DXY'를 추천합니다. 거의 모든 환율이 '달러 대비' 환율을 사용하고 있기 때문에 달러의 가치를 측정하는 지수의 흐름을 볼 필요가 있습니다. 특히 해당 지수의 상승 속도가 빨라지거나, 하락

속도가 빨라지면 전 세계 환율이 요동치므로 상황에 맞게 준비해야 합니다.

Q 개인 투자자가 달러에 투자할 수 있는 방법이 궁금합니다.

A 여러 가지 방법이 있습니다. 은행에서 외화 예금을 통해 달러에 투자하고 이자를 받을 수 있고, 증권사의 달러 RP를 이용하는 방법도 있습니다. 또 달러를 보관할 수 있는 계좌, 보관한 달러를 사용할 수 있는 카드를 만들면 상대적으로 저렴한 수수료로 원화를 달러로 환전해 보유할 수 있습니다. 좀 더 적극적인 방법으로는 ETF 투자가 있고요.

Q 마지막으로 부의 기회를 잡기 위해 고군분투 중인 개인 투자자들에게 현직 글로벌 투자 전문 펀드매니저로서 한 말씀 부탁드립니다.

A 시야가 넓어져야 기회를 많이 볼 수 있습니다. 투자자산의 범위를 넓

히는 것만큼 좋은 방법은 없을 것입니다. 국내에 머무르지 말고 해외로 나가야 하며, 원화에 머무르지 말고 달러를 친숙하게 생각해야 합니다. 많은 기회를 접하다 보면 그중 내게 맞는 자산과 투자 전략이 보일 것이며, 어느 순간 그 기회를 잡을 수 있습니다. 기회를 만날 수 있는 확률을 높여가세요.

나는 당신이 달러 투자를 시작했으면 좋겠습니다

초판 1쇄 발행 2023년 12월 20일

지은이 | 황호봉
펴낸곳 | 원앤원북스
펴낸이 | 오운영
경영총괄 | 박종명
편집 | 이광민 최윤정 김형욱 김슬기
디자인 | 윤지예 이영재
마케팅 | 문준영 이지은 박미애
디지털콘텐츠 | 안태정
등록번호 | 제2018-000146호(2018년 1월 23일)
주소 | 04091 서울시 마포구 토정로 222 한국출판콘텐츠센터 319호(신수동)
전화 | (02)719-7735 팩스 | (02)719-7736
이메일 | onobooks2018@naver.com 블로그 | blog.naver.com/onobooks2018

값 | 19,000원
ISBN 979-11-7043-476-4 03320